博士论丛

环境设计预防犯罪（CPTED）视角下的城市再生
——老旧小区改造

邢 月 著

中国建筑工业出版社

图书在版编目（CIP）数据

环境设计预防犯罪（CPTED）视角下的城市再生：老旧小区改造 / 邢月著. -- 北京：中国建筑工业出版社，2024.12. --（博士论丛）. -- ISBN 978-7-112-30822-4

Ⅰ. D917.6

中国国家版本馆CIP数据核字第202485CJ05号

责任编辑：王予芊
责任校对：赵 力

博士论丛
环境设计预防犯罪（CPTED）视角下的城市再生
——老旧小区改造

邢 月 著

*

中国建筑工业出版社出版、发行（北京海淀三里河路9号）
各地新华书店、建筑书店经销
北京点击世代文化传媒有限公司制版
建工社（河北）印刷有限公司印刷

*

开本：787毫米×1092毫米 1/16 印张：12 字数：219千字
2024年12月第一版 2024年12月第一次印刷
定价：**53.00**元
ISBN 978-7-112-30822-4
（42779）

版权所有 翻印必究
如有内容及印装质量问题，请与本社读者服务中心联系
电话：（010）58337283 QQ：2885381756
（地址：北京海淀三里河路9号中国建筑工业出版社604室 邮政编码：100037）

前　言

目前中国的城市再生重环境美化，而环境维护管理和居民参与性不足。国外学者通过大量研究证明适当改善建筑环境设计条件，可以减少犯罪的发生，从而降低居民对犯罪的恐惧感。而其他没有运用环境设计预防犯罪（后文简称 CPTED）理论进行城市再生的地区，虽然改善了环境，但是该地区犯罪率没有明显下降。中国目前的犯罪治理主要依赖法律震慑、治安防范，较少基于空间视角利用环境规划设计方法预防犯罪。中国老旧小区高犯罪率，有必要通过 CPTED 理论来进行城市再生，从而降低犯罪率和减少居民对犯罪的恐惧。本书以广州、深圳 4 个犯罪高发的老旧小区为研究对象，旨在调查老旧小区有待改善的环境安全问题即 CPTED 要素内容，并提出改善建议。

为此本书所关注的中心问题是：（1）目前我国正在进行的老旧小区环境改造忽略了哪些问题，居民面临怎样的环境安全问题，通过什么手段可以提高老旧小区的安全性？（2）如何建立我国老旧小区 CPTED 分类体系和理论框架，进行犯罪环境评价和优化？（3）如何运用理论框架，从微观层面改善老旧小区犯罪环境，提高环境安全？

针对以上问题，老旧小区再生的分析将沿如下层面展开：

在认识问题的层面上，通过对现行的老旧小区再生政策和实践的反思，调研老旧小区再生被忽视的环境问题，也就是需要解决的环境安全问题。

在分析问题的层面上，梳理文献，引入国外相关理论框架，对比国外现状研究和实践，探索适合我国城市再生现状的理论研究框架，并对其进行研究验证。

在解决问题的层面上，力求既汲取西方可供借鉴的理论和实践，并结合我国的实际国情，探索切合国情的老旧小区再生策略和路径。

本书的理论创新性主要体现在：

首先，目前我国鲜少通过预防犯罪的视角进行城市再生，本研究完善了 CPTED 理论在我国犯罪预防领域的应用，从该理论视角讨论老旧小区再生问题。

其次，目前国内有关老旧小区安全的研究不足。大量设施陈旧、人口老龄化的老旧小区，成为犯罪高发地。运用 CPTED 指导犯罪高发老旧小区改造，既符合"盘活存量"的新型城镇化建设原则，又通过犯罪环境优化策略减少犯罪的发生，提高环境安全。

再次，建构适用于我国老旧小区的 CPTED 理论研究框架。本书首次提出 CPTED 理论 6 要素的 3 个分类体系，并建构适用于我国老旧小区再生的 CPTED 创新研究框架，指导老旧小区环境再生。

为此本书调查了老旧小区城市再生有待改善的 CPTED 的 6 要素（自然监视、访问控制、领域性、活动支持、维护管理、居民参与）内容，进行了中外老旧小区城市再生案例的先行研究，以调查中外 CPTED 6 要素及其内容的共同点和差异性，构建适用于我国老旧小区城市再生的理论框架，以 CPTED 6 要素中 3 个分类（设施物、物理空间、运营维护管理）共 28 个要素详细内容为中心，通过观察、测量的方式对其中 24 个要素内容进行了案例调查，通过面对面深入访谈、问卷调查的方式对 28 个要素内容进行了专家、居民调查，得到案例地区最为重要和最迫切需要改善的环境问题，针对这些问题提出了 CPTED 改善建议，从而实现降低犯罪率和减少居民对犯罪的恐惧，达到实现安全的居住环境的目的。希望本书能够为我国城市再生的学术研究增添讨论空间。

本书主要包括如下内容。

第一章　绪论。分析研究背景、相关概念界定以及老旧小区改造现状分析，明确研究范围、研究方法，设计本书的整体研究框架。

第二章　CPTED 要素分析。分析国内外老旧小区改造运用的 CPTED 要素，对其进行 6 要素的分类比较，以调查 CPTED 要素运用的共同点和差异性，建构我国老旧小区犯罪预防理论研究框架。

第三章　老旧小区再生案例研究。本书以犯罪率高发的老旧小区为研究对象，案例涉及老城区、历史文化街区和城中村。深入调查 CPTED 应用现状及其有待改善的 CPTED 6 要素内容。

第四章　研究验证。通过专家和居民调查进行 CPTED 要素内容重要性调查，以专家和居民调查为基础得出研究验证结果，分析我国老旧小区最重要和最为迫切需要改善的环境安全问题。

第五章　有待建立适合我国国情的 CPTED 机制，回答本书开头所关注的中心问题。CPTED 策略可以有效改善传统城市再生遗留的环境安全问题，对老旧小区最重要和最为迫切需要改善的环境安全问题，提出了相应的改善策略，从而降低犯罪率和减少居民对犯罪的恐惧。目前我国的 CPTED 研究主要处于高校学者研究的阶段，CPTED 相关制度和设计指南有待建立，因此需要政府规划部门、公安系统等相关部门沟通协作，共同研究，制定 CPTED 方针指南及法律法规。定性研究和定量研究方法并行，本书为中国的城市规划师、建筑师和公共设计从业者提供了 CPTED 视角的老旧小区再生研究参考。

目 录

第一章 绪 论 1
    1.1 研究背景及比较视角 1
    1.2 相关概念 5
    1.3 老旧小区现状 16
    1.4 研究范围和内容 19
    1.5 研究方法 20
    1.6 研究预期效果 22
    1.7 研究框架 23

第二章 CPTED 要素分析 24
    2.1 CPTED 要素关联分析 24
    2.2 CPTED 要素比较分析 45
    2.3 小结 62

第三章 老旧小区再生案例研究 65
    3.1 分析概要 65
    3.2 广州案例研究 68
    3.3 深圳案例研究 96
    3.4 小结 125

第四章 研究验证 128
    4.1 专家调查 128
    4.2 居民调查 137

4.3	分析结果	150
4.4	结果考证	153

第五章 有待建立适合我国国情的 CPTED 机制 157

5.1	我国老旧小区 CPTED 研究框架	157
5.2	最重要和最迫切需要改善的 CPTED 问题	157
5.3	改善策略	159
5.4	本研究的建议及局限性	168

附 录 170

关于广州、深圳老旧小区再生的专家意见调查 170
老旧小区环境的居民满意度调查 174

参考文献 180

后 记 185

第一章 绪 论

1.1 研究背景及比较视角

1. 落实总体国家安全观,老旧小区的社区环境安全需要重点关注

中国的城市更新自改革开放经历了四十多年的发展,随着快速的城市化进程,城市空间发生急剧变化,出现了大量的由自然村落、城中村❶、老城区和城市边缘地带发展而来的老旧小区❷。老旧小区的产生伴随了一系列的社会问题,尤其是近年发生在老旧小区的各类犯罪事件,增加了居民的不安全感,这种不安全感主要来自于实际的犯罪事件和居民对犯罪的恐惧❸。研究结果表明❹,老城区的整体安全百分比以及日间和夜间的安全属性始终低于新郊区、农村或小镇的社区❺。犯罪是影响城市老城区居民生活质量的重要方面❻。2021年,我国公安机关立案的刑事案件共5027829件,其中以诈骗和盗窃两类犯罪立案数量最多,共3556726件,占总数的近71%,见表1-1。

2021年公安机关立案的刑事案件及构成 表1-1

案件类别	立案	案发于老旧小区	
		立案	占比
合计	5027829	>2574750	>51.2%

---

❶ 从狭义上说,城中村是指农村村落在城市化进程中,在城市建成区范围内失去或基本失去耕地,仍然实行村民自治和农村集体所有制的村庄;或全部或大部分耕地被征用,农民转为居民后仍在原村落居住而演变成的居民区,亦称为"都市里的村庄"。从广义上说,城中村是指在城市高速发展的进程中,滞后于时代发展步伐、游离于现代城市管理之外、生活水平低下的居民区。

❷ 《住房和城乡建设部办公厅 国家发展改革委办公厅 财政部办公厅关于做好2019年老旧小区改造工作的通知》(建办城函〔2019〕243号),中国老旧小区是指2000年以前建成的公共设施严重影响居民基本生活,且改造意愿较为强烈的老旧小区。

❸ 引自:Xing Yue, Jeong Min Moon.Cognitive Elements Analysis on Urban Regeneration of Old Residential Areas in Shenzhen and Guangzhou, China[J]. Korea Sciety of Design Trend,2021,26(70):21.

❹ Arellana, Julian Saltarin, Maria Larranaga, etc. Urban walkability considering pedestrians' perceptions of the built environment: a 10-year review and a case study in a medium-sized city in Latin America[J]. Transport Reviews,2020,40(2).

❺ 引自:Alan G.Phipps, Barry A.Horrobin.Measuring Exterior Safety of Canadian Residential Neigh-bourhoods[J]. Journal of Building Construction and Planning Research,2014,2(2).

❻ 毛媛媛,朱羽佳,张振等. 老城区居住区盗窃犯罪环境影响因素研究[J]. 住区,2018(6):12-22.

续表

案件类别	立案	案发于老旧小区	
		立案	占比
杀人	6522	4735	72.6%
伤害	82476	47341	57.4%
抢劫	9700	8081	83.31%
强奸	39577	30949	78.2%
拐卖妇女儿童	2860	0.06	—
盗窃	1602450	1379869	86.11%
诈骗	1954276	1103775	56.48%
走私	5057	—	—
伪造、变造货币、出售、购买、运输、持有、使用假币	713	—	—
其他	1324198	—	—

数据来源：《中国法律年鉴》《中国检察年鉴》《中国人口统计年鉴》《中国信息年鉴资料》和最高法院公布数据整理所得

以广东地区为例，广东省❶公安厅刑侦局原副局长梁瑞国介绍，广东85%的刑事案件为"盗抢骗"案件（盗窃、抢劫、诈骗），且地域性特征明显（截至2016年人民公安部官网数据）。仅G市某区2020年受理盗窃类案件占比56.39%。国家安全工作应当坚持总体国家安全观"以人民安全为宗旨，以军事、文化、社会安全为保障"，如何建设安全的人居环境成为城市未来发展的重要问题。警情高发的老旧小区尤其受到关注，提高老旧小区的安全性成为社会面临的重要课题。

2. 老旧小区犯罪率高，通过城市更新手段可提高环境安全

《中国国土资源公报》❷提出"单位国内生产总值建设用地下降30%"的总目标，《国家新型城镇化规划（2014-2020年）》提出"关注总量、严控增量、盘活存量"的新型城镇化原则。城市更新政策从"增量扩张"到"存量规划"❸，存量开发的模式成为未来城市开发的主要模式之一。城市存量空间遗留下大量的人居环境较差的老旧小区，其配套设施无法满足城市进一步发展的需要❹。老城区与城市边缘地带的衰败和更新，从经济上或社会

---

❶ 广东，简称"粤"，中华人民共和国省级行政区，省会广州。下辖21个地级市，面积179725 km²，常住人口12656.80万。中国第一经济大省，经济总量占全国的1/8，已达到中上等收入国家水平、中等发达国家水平。

❷ 《中国国土资源公报》由国土资源部主管，中国国土资源报社主办（2018年国务院机构改革方案，将国土资源部的职责整合到新组建的自然资源部）。

❸ 特别是指在现有城市建设用地中低效使用、闲置、不符合城市规划的土地，改造旧城区、旧工业区和旧企业，为现有土地腾出新的用地空间。

❹ 付宇，陈珊珊，张险峰. 城市更新政策经验及启示——基于上海、广州、深圳三地的比较研究[J]. 共享与品质——2018中国城市规划年会论文集（02城市更新），2018：390-398.

上，都是不可避免的，老城区成为城市更新重点。广州❶、深圳❷是中国城市再生工作的先行者，政府出台《广州市城市更新办法》（广州市人民政府令第134号）❸（2016），《深圳城市更新管理办法》（深圳市人民政府令第211号）❹（2009）着重解决旧城衰退、发展不平衡等问题，以改善旧城人居环境。但是，目前的城市更新项目只关注住房、商业、物质、经济和社会方面，忽视了改善环境设施、创造就业机会和恢复邻里关系等方面，安全免受各种犯罪和灾难是居民生活最基本的需求。环境问题是导致老旧小区犯罪率高的主要原因，通过城市更新手段可提高环境安全。经笔者调研分析，目前老旧小区改造重环境美化，轻设施和环境的维护管理、居民参与，以及建筑密度，公共空间、停车位、电梯等物理空间规划，存在高犯罪率和失业率的社会问题。老旧小区的物理环境，缺乏维护管理的公共设施物，冷漠的邻里关系等，环境和社会问题是导致犯罪率高的主要原因，通过城市更新手段可提高老旧小区的环境安全。

3. 通过环境设计预防犯罪，提高老旧小区环境安全

随着犯罪数量的增加和对犯罪恐惧认知的加强，对安全居住环境研究日益增强。美国学者Oscar Newman的"可防卫空间"❺理论和Jeffery❻的"通过环境设计预防犯罪"概念促进了"通过环境设计预防犯罪"（Crime Prevention Through Environmental Design，简称CPTED）的形成和发展，打破了犯罪学家和社会学家对犯罪问题研究的垄断，为建筑师和规划师改造城市空间，改善犯罪问题提供了系统方法。CPTED作为预防犯罪的战略，通过研究犯罪与犯罪学、环境和心理学等不同学科的联系，可以预防犯罪的发生。二十世纪七八十年代，美国、英国等国家相继开始研究CPTED技术❼❽，制定预防犯罪措施。韩国全面进行CPTED研究开始于二十一世纪初，研究范围较多涉公共住房和普通住宅区，以及公园设施等。经过五十年来的广泛的理论研究、规划实践和有效评估，CPTED已经发展成为一个综

---

❶ 广州总面积7434.40km²，截至2022年末，常住人口1873.41万人，城中村占地面积534.63km²，城中村人口近600万人。
❷ 深圳总面积1997.47km²，截至2022年末，常住人口为1766.18万人，城中村占地面积320km²，城中村人口约1200万人。
❸ 广州市人民政府官网。
❹ 广东省人民政府官网。
❺ Newman O. Defensible Space：Crime Prevention through Urban Design[J]. American Political Science Association，1972，69（1）.
❻ 引自C. Ray Jeffery1971年所著的《通过环境设计预防犯罪》（Crime Prevention Through Environmental Design）。
❼ Cozens P, Love T. A Review and Current Status of Crime Prevention through Environmental Design (CPTED) [J]. Journal of Planning Literature Incorporating the Cpl Bibliographies, 2015, 30 (4).
❽ Atlas R I, Fitzgerald D. 21 st Century Security and CPTED：Designing for Critical Infrastructure Protection and Crime Prevention[J]. landscape architecture, 2008, 99 (8)：104-104.

合了犯罪学、环境心理学、环境行为学、社会学等多学科概念较为全面的理论[1]。研究表明，没有 CPTED 理论指导的老旧小区更新，虽硬件环境有所改善，通过分析和评估犯罪风险的过程，以指导建筑环境设计、管理和使用，减少犯罪和对犯罪的恐惧，促进公共健康、可持续性和生活质量[2]。但犯罪率却没有明显下降。我国 CPTED 研究起步较晚，始于二十一世纪初，未全面拓展到老旧小区等复杂的城市环境研究。

我国的犯罪治理主要依赖法律震慑、治安防范，较少基于空间视角利用环境设计方法预防犯罪[3]。我国老旧小区多为流动人口、低收入人群居住，且建筑密度高，存在人口管理、环境卫生、文化融合等方面的问题，与国外老旧小区人口减少、经济活动停滞、空置住房增加的成因不同。因此国外的研究成果和经验不宜直接运用到我国的老旧小区改造实践。目前研究老旧小区案例少，存在理论缺失。如何构建适用于我国老旧小区的 CPTED 理论研究框架，科学系统地指导城市更新和环境优化，提高老旧小区的环境安全性减少犯罪的发生是其中的关键问题。

《中国犯罪治理蓝皮书》[4] 中国犯罪治理状况显示，广东犯罪间隔时间最短，仅 2.89 分钟 / 件（人），位列国内第一。媒体报道的"2018 年中国 200 城市犯罪率排行榜"中，广州排名国内第一，深圳位居国内第二。随着平安城市和安全社区等概念的提出[5]，空间形态对犯罪的影响逐渐成为研究的热点。广东部分城市乃至全国老旧小区的高犯罪率，迫切需要通过城市更新的手段提高社区安全，从而降低犯罪率和居民对犯罪的恐惧感，减少犯罪带来的不良社会影响。本书将在广州和深圳进行试点研究，并向广东省内和全国进行应用推广。该领域国内研究较少，本研究有望填补国内老旧小区犯罪预防研究缺失，为城市规划、景观、建筑、环境设计等相关专业领域研究提供科学依据，对我国老旧小区更新具有一定参考价值。

4. 评析犯罪预防基础理论，为国内 CPTED 指南、规范的编制提供借鉴

目前，无论发达国家，还是印度与拉丁美洲等发展中国家，均有成立 CPTED 相关组织机构，及制定 CPTED 指南、规范。本书将系统梳理国外

---

[1] Mao, Y., L. Yin, M. Zeng, J. Ding, and Y. Song, 2021. "Review of Empirical Studies on Relationship Between Street Environment and Crime." Journal of Planning Literature 36（2）：187–202.

[2] Garner, Clancey.Think crime! Using evidence, theory and crime prevention through environmental design (CPTED) for planning safer cities[J]. Crime Prevention & Community Safety, 2015.

[3] 黄邓楷. 基于 CPTED 理论的广州大学城环境安全感知评价及优化策略研究 [D]. 广州：华南理工大学 2020.

[4] 中国犯罪学学会. 中国犯罪治理蓝皮书：犯罪态势与研究报告（2019）[M]. 北京：法律出版社，2019.

[5] 王科奇，赵天宇. 基于防卫安全理论的长春市商住混合区街道环境设计分析 [J]. 长春工程学院学报（自然科学版），2015（1）：53-51.

有关居住区 CPTED 规范或指南，总结其编制特点和实施策略，分析美国、奥地利等实践较成熟国家典型案例；针对与中国老旧小区现状比较接近的日本、韩国等国家指南开展重点研究，扩展 CPTED 导则评析基础理论，为国内 CPTED 指南规范的编制制定提供科学参考，为城市安全的治理提供科学依据。

综上，本书以安全城市建设为目标，试图寻求有效途径降低犯罪率和居民对犯罪的恐惧，保障老旧小区的环境安全为本项目的研究目的，具体总结如下：

本书将构建老旧小区 CPTED 理论研究框架，进行犯罪环境评价和犯罪环境优化，实现降低实际犯罪率和减少居民对犯罪的恐惧。

1.2 相关概念

1.2.1 老旧小区

1. 老旧小区概念

我国不同学者对老旧小区的界定有所不同，本书以"老旧小区""老旧社区""旧住宅区""旧小区""老旧居住区""社区更新"为关键词，在文献覆盖广泛且权威的中国知网、维普、万方网进行文献检索（截至2021年9月）。

研究发现学者主要从改造需求，改造时间和改造状态，三个维度去界定老旧小区的概念。老旧小区概念是指"随着时代的变迁，人们生活水平逐步提高，原有住房在功能上已经不能有效满足使用者的实际生活需求，在建筑物理结构上逐渐老化、日益危旧，在形态上呈现历史遗迹的居住建筑群。"❶"许多建设于二十世纪八九十年代的住宅小区环境质量，功能已经到达极限"❷"总体功能和结构落后于新时代要求，外部设施比较简陋的居住区。"❸"由于历史条件和经济的限制，导致城市社区规划与建设技术的落后，整体建筑功能无法满足人民的需求，与当下经济社会发展不一致，需要对其基础设施等物质条件进行改善。"❹ 该阶段建造的小区（含单栋住宅楼），其市政配套设施不完善，建设标准较低，物业服务缺乏，不能满足

---

❶ 张玲. 旧居住区改造问题研究——以天津为例 [D]. 天津：天津大学. 2017：6.
❷ 高莹, 范悦, 刘涟涟. 既有住区环境再生的目标体系建构研究 [J]. 城市发展研究，2016，23（10）：144-145.
❸ Bin Guo, Yang Li, Jingxue Wang. The improvement strategy on the management status of the old residence community in Chinese cities：An empirical research based on social cognitive perspective[J]. Cognitive Systems Research. 2018，52：556-570.
❹ 谷甜甜. 老旧小区海绵化改造的居民参与治理研究——基于长三角试点海绵城市的分析 [D]. 南京：东南大学. 2019：27.

人们正常或较高生活需求。"整改资金匮乏、居民整治需求迫切等特征。"❶。

也有学者以产权所有形式界定老旧小区概念。"泛指二十世纪八九十年代前后，由国有单位兴建和管理后将产权之一给职工的具有基础设施陈旧、配套落后、环境卫生差、防控措施缺失、安全秩序混乱、无正规物业管理问题突出的住宅小区统称。"❷老旧小区的产权较为复杂，原为单位宿舍改革后转卖给职工的房改房，产权私有的历史建筑，以及在城市扩张后城市中农村的农民房。

2. 住房和城乡建设部老旧小区更新界定

根据住房和城乡建设部《关于开展旧住宅区整治改造的指导意见》（建住房〔2007〕109号），老旧小区是指房屋年久失修、配套设施缺损、环境脏乱差的住宅区，其整治改造的内容及标准要以满足居民最为迫切的居住需要为中心，充分考虑当地旧住宅区现状、可筹措资金规模等因素，科学合理地加以确定。整治改造的主要内容包括以下四个方面：

（1）环境综合整治。主要包括拆除旧住宅区内违章建（构）筑物、整修道路围墙、补植和增辟绿地、治理环境卫生等。

（2）房屋维修养护。主要包括旧住宅区内房屋主体结构加固、房屋部件构件修缮更新、屋面整修改造、外墙及楼道粉饰、房屋内部老旧管线更新改造等。

（3）配套设施完善。主要包括旧住宅区内配套设施设备（社区服务设施、文化体育设施、安全防范设施、管理服务用房等）的补建，市政公用设施（供水、供气、供暖、垃圾和污水处理等设施）的健全，其他城市基础设施（供电、电信、邮政等设施）的完善。

（4）建筑节能及供热采暖设施改造。在旧住宅区整治改造过程中，要贯彻建设部《关于发展节能省地型住宅和公共建筑的指导意见》（建科〔2005〕78号），《关于进一步推进城镇供热体制改革的意见》（建城〔2005〕220号），按照"节能、节地、节水、节材、环保"的原则和要求，实施旧住宅区既有建筑的节能改造及供热采暖设施改造，推广应用新型和可再生能源，推进污水再生利用和雨水利用。

老旧小区概念和整治范围，见表1-2。

通过以上学者和政策的老旧小区概念和整治范围界定，本研究的中国老旧小区指建造年代在1980年以前的居住小区，包括老城区和城市中的农村（现已转制为社区），公共设施落后严重影响居民基本生活，且改

---

❶ 张晓东，胡俊成，杨青，等. 老旧住宅区现状分析与更新提升对策研究[J]. 现代城市研究，2017（11）：88-92.

❷ 李杨. 城市老旧小区管理中居民参与激励机制研究[D]，西安：西安建筑科技大学.2019：9.

造意愿较为强烈的老旧小区。据住房和城乡建设部的估测，到2025年底，需要改造的城镇老旧小区有17万个，涉及居民超4200万户，按照家庭平均人口2.6人计算，获益人口超过1亿❶。根据广州市人民政府办公厅印发的《关于广州市老旧小区改造工作实施方案》计划❷，到2025年底，基本完成2000年前建成需改造老旧小区改造任务。本书的研究比较对象欧美、日韩等国家和地区的老旧小区形成原因与中国不同，因其城市衰退后，人口减少、人口老龄化，经济活动萎缩，而使空房闲置率高，形成的老旧小区❸。但首要解决的问题是一致的：设施物老化，因设施维护和管理的缺失，进一步加剧设施老化，区域环境进一步破坏从而增加犯罪的可能，和居民对犯罪的恐惧，因此迫切需要进行老旧小区改造，创造宜居的生活环境。

老旧小区概念和整治范围　　　　　　　　　　表1-2

发文单位	时间	文件名称	老旧小区概念和整治范围
住房和城乡建设部	2007.04	《关于开展旧住宅区整治改造的指导意见》（建住房〔2007〕109号）	老旧小区是指房屋年久失修、环境脏乱差的住宅区，其整治改造的内容及标准要以满足居民最为迫切的居住需要为中心，充分考虑当地住宅区现状、可筹措资金规模等因素，科学地加以确定
国家机关事务管理局	2014.02	《关于开展中央和国家机关老旧小区综合整治工作的通知》（国管房地〔2013〕342号）	1980年以前建成的老旧房屋要按照现行规范进行抗震检测鉴定和必要的加固改造；1990年以前建成的、建设标准不高、设施设备陈旧、功能配套不全的老旧住宅小区列入综合整治范围；1990年之后建成的老旧小区重点解决安全隐患等问题，开展节能改造
住房和城乡建设部、国家发展和改革委员会、财政部	2019.07	《关于做好2019年老旧小区改造工作的通知》（建办城函〔2019〕243号）	2000年以前建成的公共设施落后影响居民基本生活，居民改造意愿强烈的住宅小区
住房和城乡建设部、国家发展和改革委员会、财政部	2021.12	《关于进一步明确城镇老旧小区改造工作要求的通知》（建办城〔2021〕50号）	明确城镇老旧小区改造工作衡量标准指标

注：根据相关政策整理。

---

❶ 新华网。
❷ 广州市人民政府门户网站。
❸ Seung Hee.Safety Assessment of Urban Residential Regeneration Area Based on Crime Prevention Through Environmental Design (CPTED): The Case of Jecheon City, Korea[D]. Semyung University, Doctoral Dissertation, 2020：133.

1.2.2 从城市更新到城市再生

城市是一个有生态周期发展的生命体。城市的发展周期经历起点、成长、快速发展、尖峰、饱和、老化，最后到衰败这样一个过程。为了让城市持续蓬勃发展，城市更新（Urban Renewal）就此诞生。城市更新一词最早源于1949年美国的《住宅法》（Housing Act of 1949），更新的重点为城市中心区贫民窟或衰败地区的大规模拆除重建。《住宅法》中关于城市更新的方法有重建（Redevelopment）、整建（Rehabilitation）和维护（Conservation）三种。重建是指将建筑物整体性拆除，重新规划并再次兴建；整建是指建筑物进入一定使用周期，出现衰败迹象时，以改善结构机能的方式进行改建、修建以及加入现代化的设备等；维护是对结构、功能没有大问题的建筑进行局部维护，改善外观。这三种模式中，重建模式使得土地更有效的利用，但产权人的利益将重新分配，土地属性也将被重新评估，是最为激进的模式，此模式更符合城市更新一词的理解。

二十世纪九十年代英国开始使用"Urban regeneration"一词，译为"城市再生"。城市再生重点是要改善并提升居民的生活品质，除了强调硬件设施的整建和维护，更强调对人居软环境的推动。相比城市更新，城市再生的概念更加广义，强调城市整体发展的可持续性，这是一个多目标的体系，涵盖了社会、经济、环境三大方面。从城市更新到城市再生，经历了重建为主到着重整建，从单一建筑到整体社区规划发展，从经济考量到以人为本的转变。城市再生并不只是建筑物的新陈代谢，更是保护都市脉络的重要手段，更能让都市增加独特性和竞争力。

韩国的城市再生从大规模维修到城市微改造，通过微改造、维护管理、居民参与等手段并行，是目前有效进行城市再生的主要手段（图1-1和图1-2）。中国部分城市更新，经过了大拆大建的全面改造模式，而现今部分微改造侧重环境美化，缺乏整体规划设计，改造后仍缺少满足生活需求的设施，空间布局紧凑，存在的社会问题没有得到根本解决（图1-3）。

图1-1 韩国住宅环境整治前后

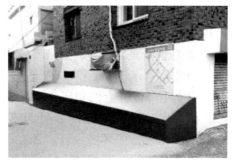

图 1-2 韩国住宅环境整治前后

图 1-3 大芬村住宅环境整治前后

1.2.3 环境设计预防犯罪（CPTED）

1.CPTED 概念

国际犯罪预防学会对于 CPTED 的定义："环境建设上，以减少犯罪引发的恐惧、犯罪发生率和提高生活质量为目的所采用的设计和有效利用空间的方法。"（Timothy D.Crowe，2015）❶ 在欧洲被称为通过设计预防犯罪发生法（Design Out Crime，DOC）。CPTED 和 DOC 的概念定义相同，但是方法不同，DOC 不仅通过环境设计，还通过产品设计、活动设施设计、公共设计和服务设计等更人文设计的方法。

CPTED 这一概念最早由 C. Ray Jeffery 在其 1971 年的著作 *Crime Prevention Through Environment Design* 中提出 ❷，书中对犯罪学家和社会学家在一定程度上夸大犯罪的社会原因，而忽略了生物和环境的决定因素进行了辨析。CPTED 理论经历了三代的发展：

---

❶ Timothy D.Crowe. 环境设计预防犯罪 [M].3 版．北京：中国人民公安大学出版社，2015.
❷ 引自 C. Ray Jeffery1971 年所著的《通过环境设计预防犯罪》（Crime Prevention Through Environmental Design）。

第一代CPTED理论。由Moffat[1]于1983年提出。第一代CPTED理论构成完整策略体系的同时，也存在相应的局限性：需要犯罪者是理性的，未考虑受酒精、毒品支配的情况；缺乏对社会环境因素的综合考虑；短期内的犯罪率有所下降，但仅仅是犯罪分子转移了犯罪地点、目标和手段，未从根本上降低社会的犯罪率。

第二代CPTED理论[2]。针对第一代CPTED的局限性，提出改善社区安全不仅在于物理环境设计，还在于建设社区的社会环境、居民的情感环境，认为合理的社区规模、密度可以促进居民交往，培养居民的社区认同感、责任心，公共交往空间需要合理的环境设计，适当的居民活动。第二代CPTED理论摆脱第一代的理论局限性，成为可持续的社区发展模式。第三代CPTED并不局限于第一代CPTED提出的减少犯罪，而是作为第二代CPTED所支持的动机强化策略，以加强亲社会行为，满足马斯洛需求[3]更深层次的如社区中帮助领导他人、自我表达获得自尊，自我实现级超越等，这些内容对社区的宜居性产生重大影响[4]。

2. 背景理论

街道眼（Eyes of the City）[5]：简·雅各布斯（Jane Jacobs）1961年集中研究了典型犯罪活动发生的场所及特征。理论指出城市中僻静的街道是不安全的，可以通过明确划分公共区域和私人区域，街道有居民或行人以实现更多注视，建筑需要面向街道来解决。

防御空间（Defensible Space）[6]：奥斯卡·纽曼（Oscar Newman）提出了防卫空间和CTPED的形式概念，早期的研究侧重于利用自然条件来进行访问控制、监督和属地防卫。雅各布斯和纽曼认为最为重要的不是犯罪活动本身，而是社会凝聚力和居民对犯罪引发的恐慌及不安全感，产生的不良社会影响。

通过环境设计预防犯罪（Crime Prevention Through Environment Design）[7]：CPTED概念最早由C. Ray Jeffery）在其著作中提出，书中对

---

[1] Moffat 所著的"Crime Prevention Through Environmental Design: A Management Perspective" Canadian Journal of Criminology。

[2] Saville G 和 Cleveland G 所著的 Second Generation CPTED: The Rise and Fall of Opportunity Theory. In: Atlas, R, Ed, 21st Century Security and CPTED: Designing for Critical Infrastructure Protection and Crime Prevention。

[3] Maslow A H. The Farther Reaches of Human Nature[J]. Viking Press, 1971.

[4] Mihinjac M, Saville G. Third-Generation Crime Prevention Through Environmental Design (CPTED) [J]. Social Sciences, 2019。

[5] 街道之眼（Eyes of the City），来自于美国作家简·雅各布斯的著作《美国大城市的死与生》。对当时的整个城市规划界发动猛烈的攻击。主要内容：唤起人们对城市复杂多样生活的热爱；对"街道眼"（Street Eye）的发现，反对大规模旧城更新计划。

[6] Defensible Space：对空间形成领属性、监管和象征性障碍。

[7] 引自：C. Ray Jeffery1971年所著的《Crime Prevention Through Environment Design》.

犯罪学家和社会学家在一定程度上夸大犯罪的社会原因，而忽略了生物和环境的决定因素进行了辨析。犯罪者可感知和判断空间环境存在的犯罪成本和收益，通过环境设计减少环境中对犯罪行为的强化收益作用，提高犯罪的实施难度，有效预防犯罪。

破窗理论（Broken Windows Theory）❶：如果物理环境持续老化而被忽视，就会造成环境进一步恶化，形成破窗效应，威胁安全。

理性选择（Rational Choice）❷："犯罪行为是犯罪人理性选择和决定的结果"这一观点致力于减少犯罪机会，为犯罪控制者提供了直接的依据，在芝加哥学派和Brantingham的理论基础上发展而来的，观点被运用到犯罪控制政策中是由情境犯罪预防学者推动。

情境犯罪（Situational Crime Prevention）❸：部分来自英国内政部和罗格斯大学（Ron Clarke）从事CPTED研究的学者发现CPTED是"情景犯罪预防"策略中的重要组成部分。

3. 基本原理

CPTED是通过城市环境的防御性设计（如适当的建筑设计和城市规划），减少犯罪发生的机会，是一种综合性的犯罪预防策略，减少居民对犯罪的恐惧，增加环境带来的安全感，最终提高生活质量。CPTED不是统一的定律，它是一个分析和评估的过程，是自下而上的参与过程。通过犯罪风险评估寻求问题，再赋予相应的设计策略解决问题。为了避免过度简化，需要在综合其他考虑因素评估犯罪风险❹~❼。CPTED是以自然监视、访问控制、领域性、活动支持、维护管理和居民参与六个要素为理论基础进行的。

（1）自然监视（Natural Surveillance）❽

指合理布置建筑物或设施等可视性最大化地使该地区居民能够观察到

---

❶ Wilson J Q, and Kelling G L.The Police and Neighbourhood Safety "Broken Windows" [J].The Atlantic Monthly，249（3）：29-38.

❷ Clarke R V, Cornish D B.. Modeling offenders' decisions：A framework for Research and policy[J]. Crime and Justice：An Annual Review of Research，6，147-185.

❸ Situational Crime Prevention，简称SCP，是指通过有效地改变环境，从而尽可能地使犯罪人认识到犯罪行为难度增加，被捕可能性增大，犯罪收益减少，以此来减少犯罪。

❹ Atlas R I. 21st Century Security and CPTED：Designing for Critical Infrastructure Protection and Crime Prevention[M]. Boca Raton, FL：Taylor & Francis, 2008.

❺ Cozens, Michael P.Urban Planning and Environmental Criminology：Towards a New Perspective for Safer Cities[J]. Planning Practice & Research, 2011, 26（4）：481-508.

❻ Clancey G. Crime Risk Assessments in New South Wales[J]. European Journal on Criminal Policy & Research, 2011, 17（1）：55-67.

❼ Garner, Clancey. Think crime! Using evidence, theory and crime prevention through environmental design (CPTED) for planning safer cities[J]. Crime Prevention & Community Safety, 2015.：

❽ 引自：环境设计犯罪预防（CPTED）方案（2005），韩国警察厅。

邻居和陌生人的日常活动，特别是入侵或进入半公共区域，使居民更容易区分邻居和陌生人的活动，并在认为有犯罪趋势时采取适当措施，减少犯罪活动发生的可能性（图1-4和图1-5）。

图1-4　自然监视案例
资料来源：首尔环境设计预防犯罪（CPTED）准则

图1-5　住宅环境整治前后

（2）访问控制（Access Control）

指通过步行街、园林、门等引导行人进入一定的空间，同时阻断未经许可的人员进出，使其难以接近犯罪目标，增加犯罪行为暴露风险，预防犯罪。这个原理是让犯罪分子主动放弃接近他人的居住区，让当地居民清楚地认识到公共区域和私人区域（图1-6和图1-7）。

（3）领域性（Territoriality）

指当地居民可以通过自由使用或占有某一地区来主张他们的权利。领域性可以建立一个实际的或虚拟的边界，将正当的使用者与不正当的使用者区别开来，并在当地居民之间达成共识，从而增加社区意识（图1-8）。

（4）活动支持（Activity Support）

通过引导和刺激公众对公共场所的使用，加强他们视线范围形成的自然监视，以减少附近地区的犯罪风险，使居民感到安全。公园、市中心、

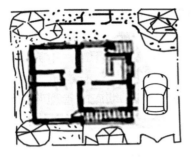 

图 1-6　出口最小化　　　　　　图 1-7　出口控制

资料来源：首尔环境设计预防犯罪（CPTED）准则

广场等，应该加强娱乐设施、休息设施等，或者举办演出、联谊会等多种社区、公共活动，让家庭、成人、地区居民在不同时间段、不同地区共同使用（图 1-9）。

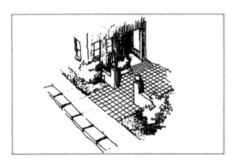 

图 1-8　增进领域性的设计案例

资料来源：首尔环境设计预防犯罪（CPTED）准则

 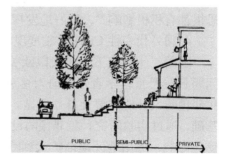

图 1-9　私人空间和公共空间

资料来源：首尔环境设计预防犯罪（CPTED）准则

（5）维护管理（Maintenance and Management）

维护管理是指对某一设施或公共场所进行良好的管理，使其能够按照最初的设计持续使用，这可以抑制使用者的越轨行为，从而起到预防犯罪的作用。给人留下荒废或被遗弃印象的公共场所，缺乏控制或关注，容易导致犯罪发生。需要适当的维护管理，如将庭院整顿干净，不放置垃圾，房屋和仓库等要彻底修理。通过"违法犯罪监视区"标志进行预防犯罪的宣传，使人们更清楚地看到该区对犯罪进行了彻底的管理和控制（图 1-10）。

图 1-10　良好的住房环境维护整治与维护
资料来源：人居环境管理项目犯罪预防环境设计（CPTED）的应用（韩国）

（6）居民参与（Participation）

居民参与意味着当地居民介入政策决策或执行过程，行使影响力的行为，更加强调城市再生项目中居民参与的重要性。居民参与不仅是城市再生项目，CPTED 项目也在强调，从第一代 CPTED 到第二代 CPTED 的模式变化。居民参与是 CPTED 理论的重要内容，以居民为主的环境安全评价是衡量城市更新效果的重要指标，居民对当地社区活动的丰富性持积极的态度❶，这样的邻里特征对社区关系、社区健康、社区安全以及减少对犯罪的恐惧都有积极影响❷，更好地发挥 CPTED 在老旧小区更新建设中的作用。

4. 国外代表性 CPTED 制度现状（表 1-3）

随着二十世纪五十年代以欧美地区为中心在城市化过程中衍生的犯罪问题日益严重，学者及政府对多种解决方案进行了讨论，作为方案之一，犯罪预防设计的重要性日益凸显。此后，以美国和英国为中心建立了制度基础，通过实验研究，犯罪预防设计的效果得到证明，并逐渐走向产业化，受此影响，适用地区逐渐扩大到欧洲和亚洲。美国亚利桑那州的《设计评

---

❶ Stanislav A, Chin J T. Evaluating livability and perceived values of sustainable neighborhood design: New Urbanism and original urban suburbs[J]. Sustainable Cities and Society, 2019, 47（1）: 101517.
❷ Talen E, Koschinsky J. Compact, Walkable, Diverse Neighborhoods: Assessing Effects on Residents[J]. Housing Policy Debate, 24: 17-50.

估条例》（1997），将CPTED用于新建、扩建建筑注册，针对易发生犯罪的娱乐和商业设施分别提出CPTED标准和规范。英国《设计担保认证制度（Secured by Design，SBD）》（1998），适用于房屋和建筑设备等犯罪预防设施的安装和犯罪预防技术。韩国《预防犯罪设计指南》（2005），通过制定环境设计的犯罪预防计划改善建筑物结构、道路形态等居住环境，减少入室盗窃等机会性犯罪。

国外代表性CPTED制度现状　　　　　　　　　　表1-3

国家	制度	应用特点
美国	亚利桑那州《设计评估条例》，1997	将CPTED用于新建、扩建建筑注册，分别针对易发生犯罪的娱乐和商业设施，提出CPTED标准和规范
	弗吉尼亚州《夜间批发和零售商犯罪预防条例》	将CPTED纳入城市规划的一部分，制定安全指南和社区计划
	华盛顿《CPTED条例》，2002	颁布CPTED相关法令，应用于住宅、商业和商业设施
英国	《设计担保认证制度》，1998	适用于房屋和建筑设备等犯罪预防设施的安装和犯罪预防技术
荷兰	《警用安全住房认证制度》，1996	对符合标准的建筑材料和建筑结构给予认证标志
澳大利亚	《环境规划与评估法》，2000	悉尼奥运会公共设施应用，建筑设计必须进行犯罪风险评估
日本	爱知县《安全城市规划条例》，2004	将符合预防犯罪指南的新住宅区指定为犯罪预防示范区
韩国	《预防犯罪设计指南》，2005	制定了CPTED评估标准

1.2.4　城市再生和CPTED

第二次世界大战后，西方国家广泛开展现代主义建筑运动倡导下的城市实践。该时期城市改造过分强调物质空间决定论，认为通过建筑空间设计可以形成良好的空间环境，同时可以解决城市存在的社会问题。结果不仅没有解决空间问题，同时带来了大量社会问题，犯罪事件频发，特别体现在政府公共住宅方面，致此物质空间决定论被后现代主义否定。城市再生不仅仅需要改善空间环境，还要有效地防止犯罪的发生。CPTED理论认为物质空间环境与社会行为是相互影响的，但改善物质空间环境不能完全解决社会问题。CPTED是一项全面的预防犯罪措施，将犯罪的可能性降到最低，因此城市再生和CPTED必须同时讨论和规划。

二十世纪七八十年代，CPTED 相继在欧美城市进行实践，并制定了城市再生的 CPTED 法律法规和设计准则。目前研究和实践最为完善的是居住区改造，同时也涵盖城市商业、交通设施、公园绿地等公共空间的研究。

1.2.5 老旧小区、城市再生和 CPTED

老旧小区再生是城市再生的重要方面。老旧小区再生不仅要改善物理空间环境，还在于建设社会环境、居民的情感环境，以改善居民的生活质量。在衡量生活质量的各种指标中，与犯罪有关的问题已成为威胁城市生活安全的首要问题，特别是在预防犯罪领域，在犯罪的众多因素中，区域特征是预防犯罪的主要因素，如果接触空间密集，将增加犯罪的可能性。CPTED 项目中的环境设计根植于人的行为和社会环境两个方面。"设计"包括自然、社会管理和法律等方面的规范和准则，使人与环境相互作用，正面积极地影响人们的行为，操控与环境密切相关的条件变量，可以有效降低犯罪，减少不安全感，成为可持续的社区发展模式。合理的社区规模、密度可以促进居民交往，培养居民的社区认同感、责任心。公共交往空间需要合理的环境设计适当的居民活动，成为可持续的社区发展模式。鉴于 CPTED 的目的是防止犯罪的发生，以及减少居民对犯罪的不安感，并通过居民参与来自愿振兴社区改善社区环境，最终提高现代人的生活品质，有必要从打击犯罪方面进行城市重建。因此，欧美、日韩等一些发达国家和地区制定了各种措施。韩国制定了一系列城市更新政策和指南：2005 年警察厅出台《基于环境设计的犯罪预防（CPTED）方案》；首尔 2013 年推出的《适用居住环境管理事业区内犯罪预防环境设计（CPTED)》；2013 年国土交通部出台《建筑物等犯罪预防标准告示（案）》；一些地方自治团体通过建设女性幸福城市、预防犯罪设计项目、首尔地区连带安全计划支援项目等，推进了预防犯罪工作。城市再生将城市建设和维护策略相结合，综合应用 CPTED，才能创造安全宜居的生活环境。

1.3 老旧小区现状

1.3.1 中国老旧小区城市再生现状

2012 年《中国国土资源公报》提出"单位国内生产总值建设用地下降 30%"的总目标，标志着城市建设已进入了"存量规划"时代，要通过城市更新等手段来促进建成城区功能的优化、调整。随着中国的城市发展重点从"增量扩张"到"存量规划"，城市存量空间遗留下大量的人居环境较差的老旧小区，无法满足城市进一步发展的需要。城市更新初期在经历了推倒重建的更新模式后，政府职能部门开始反思，在政策和更新方式上进行了改进。现阶段城市再生方式注重历史价值、城市再生潜力的挖掘、可持续的再生模式。广州、深圳为中国一线城市，城市再生工作的先行者，老旧小区的城市再生正如火如荼地进行中。

1.3.2 广州、深圳老旧小区城市再生现状

广东省约1.26亿人口，受政策环境及区位因素的影响，社会经济发展水平相差甚远。广州和深圳位于广东省东南沿海地区，为中国最发达地区之一，地区经济带动了城市化快速发展。广州为广东省省会，城市历史悠久，新城区配套较完善，而老城区配套设施陈旧，外来人口众多。深圳为改革开放前沿城市，移民城市，为中国城市化进程最快的城市之一，城市化进程形成了大量的城中村。而随着城市发展，老旧小区的交通环境、建筑容积率、配套设施、城市安全和管理问题以及人口老龄化问题开始制约其发展，特别是"人的城镇化"理念的提出，以持续改善物质环境和软环境的城市再生成为中国城市发展的必然趋势。经笔者调研分析，广州、深圳大部分老旧小区目前改造重环境美化，轻设施和环境的维护管理、居民参与，以及建筑密度，公共空间、停车位、电梯等物理空间规划，存在高犯罪率和失业率的社会问题。

广州在2000年之前建成的老旧小区共779个，建筑面积约5180万 m^2，覆盖约260万居民的住宅空间，占全市户籍人口（840万）的31%❶，可见广州老旧小区再生的紧迫性。广州的城市更新先后经历了以危房改造、产业置换和集约用地为导向的三个不同阶段。广州市颁布一系列城市更新政策文件，老旧小区有关的政策有2009-2012年《广州市人民政府关于加快推进"三旧"改造工作的意见》（穗府〔2009〕56号），通过以市场为主导，房地产开发为主，土地融资方式自由的模式，进行城中村、旧厂房更新改造。在老旧小区改造上取得了较大成效，但因利益分配问题导致推进困难；2015年至今政府推出《广州市城市更新办法》（广州市人民政府令第134号）、《关于提升城市更新水平促进节约集约用地的实施意见》（穗府规〔2017〕6号），通过以政府主导，市场运作，自主改造为主的多元主体主导，全面改造和微改造并行的模式，进行社区微更新。❷

据媒体报道，深圳市城中村共336个，居住约1200万人，用地总规

---

❶ 广东省人民政府官网。
❷ 付宇，陈珊珊，张险峰. 城市更新政策经验及启示——基于上海、广州、深圳三地的比较研究，共享与品质[C].2018中国城市规划年会论文集（02城市更新）中国城市规划学会会议论文集，2018：393.

模约320km²，约占深圳土地总面积的16.7%。深圳的城市更新问题主要以城中村为主，相关政策发展经历三个阶段：2004-2009年《深圳城中村（旧村）改造暂行规定》（深府〔2004〕117号）、《深圳市人民政府办公厅关于推进我市工业区升级改造试点项目的意见》（深府办〔2008〕35号），以政府主导，市场运作为更新主体，政策允许"三旧"改造项目用地协议出让。2009—2013年颁布了《深圳市城市更新办法》（深圳市人民政府令第211号），以政府主导，市场运作为更新主体，规定了"拆除重建""功能改变""综合整治"三类更新模式。2013年至今，政府出台《加强和改进城市更新实施工作的暂行措施》（深府办〔2014〕8号）、《深圳市人民政府办公厅关于加快培育和发展住房租赁市场的实施意见》（深府办规〔2017〕6号）一系列操作规程，以区为主导，更新对象以城中村、旧工业区为主，以城中村规模化租赁为模式。❶

从政策导向来看，广州因历史文化建筑众多推出的老旧小区微改造，改造偏重于历史传承和文化延续。深圳针对自身发展中遗留的大批城中村问题，着力推行城中村规模化租赁模式，提升了城中村的品质，解决了城中村土地存量问题和人才住房短缺问题。

1.3.3 研究存在问题及发展趋势

国外研究主要从指标、政府策略、评价方法方面，CPTED理论要素运用系统全面。我国CPTED理论研究不足，六要素中居民参与要素极少运用。研究方法较少通过大数据、居民和专家调查、统计分析开展研究。缺少居民活动对环境影响的分析、设施物现状的分析，因此需要建立科学系统的理论框架以及开展实证研究。

从国内外研究现状可以看出，国内CPTED研究存在着"五多五少"的现象，即：

（1）纯理论研究多，对老旧小区的实证研究较少。理论研究虽多，但对居民参与要素的研究和运用不足；

（2）对街道、普通居住区的研究多，对老旧小区等复杂的城市空间研究少；

（3）从规划和地理学等宏观层面创新性研究多，微观层面研究少；

（4）对物理空间研究多，对各类设施物以及对这些设施物运营维护管理的研究少；

---

❶ 付宇，陈珊珊，张险峰.城市更新政策经验及启示——基于上海、广州、深圳三地的比较研究，共享与品质[C].2018中国城市规划年会论文集（02城市更新）中国城市规划学会会议论文集，2018：393.

(5) 对纯 CPTED 研究多，对多学科交叉、跨部门联合、多方合作的研究少。

政府层面有待成立 CPTED 相关组织机构，编制 CPTED 指南，推动环境设计预防犯罪和环境安全感提升等策略在政府职能部门和多方利益相关者（如设计从业人员、警察、居民）的合作下实施与执行。

研究现状可见，国内研究对老旧小区的关注度不足。此外基于以上背景，鉴于国内外研究存在的差异，国内外老旧小区的成因和现状不同，研究成果对国内研究具有一定的参考价值，但不宜直接使用。因此降低我国老旧小区犯罪率和居民对犯罪的恐惧，需要系统建构老旧小区 CPTED 研究框架，进行犯罪环境评价和环境优化，从微观层面改善犯罪环境。本研究有望完善 CPTED 理论体系，弥补国内老旧小区 CPTED 研究的缺失。

1.4 研究范围和内容

居住区作为城市空间的重要组成部分，通过经验和记忆给居民提供了安全感。居住区按建设时期可分为新建居住区和老旧小区，老旧小区以城中村、城市老旧住宅为主。中国的城市化进程使原本分散在农村、城市边缘地带的人口涌进城市，聚集在老旧小区。广州、深圳的老旧小区用地不足城市的五分之一，却承载着城市三分之二的人口，高密度的人居环境带来了大量的社会和安全问题。本书梳理了中外文献，将 CPTED 要素详细内容进行分类比较，综合分析中外研究的共同点和差异性、中国国情和老旧小区现状，研究框架。调研了广州、深圳 4 个老旧小区，将每个老旧小区分为 3~4 个区域进行分析。通过专家权重性调查和居民满意度调查对分析结果进行验证。

本书构建老旧小区 CPTED 研究框架，进行犯罪环境评价和环境优化，减少犯罪的发生提升环境安全的科学问题。拟开展基于犯罪预防的老旧小区犯罪环境影响机制及改善策略研究。首先，构建老旧小区犯罪预防研究框架；其次，提出 CPTED 要素分类与犯罪相关的空间指标，进行老旧小区环境安全评价；最后进行 CPTED 要素与环境安全的关系分析，提出空间环境的设施物、物理空间和运营维护管理的犯罪预防环境优化策略。

主要研究包括以下三个方面，其关联关系如图 1-11 所示：

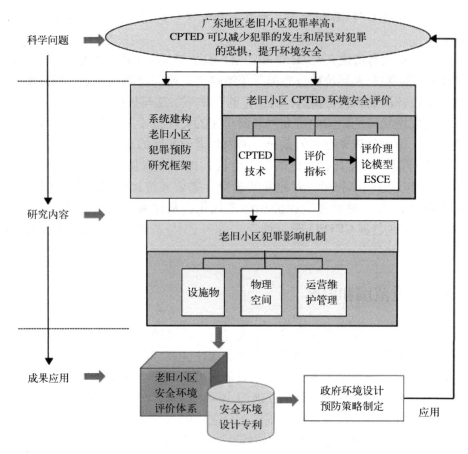

图 1-11 研究内容及其内在关联

1.5 研究方法

本研究以定性研究和定量研究方法并行，具体研究方法有：

1. 文献研究方法

通过相关文献，各类报告书，进行了城市再生、CPTED、老旧小区的理论考察。通过案例分析的文献研究，试图从中分析研究差异，汲取可资借鉴的经验。

进行中外老旧小区 CPTED 要素运用分析，将六要素分为设施、物理空间和运营维护管理 3 个类别，进行中外的分类分析，再进行中外比较分析，建立本研究的研究框架。

2. CPTED 研究方法

该方法构建中国老旧小区 CPTED 研究框架，进行犯罪环境评价和影响机制研究。包括文献研究，分析国内外 CPTED 要素运用差异性，分析中国未关注到的要素内容。将CPTED要素归纳为3个类别共28项细则，导出研究框架即CPTED评价体系，开展实证研究，见表1-4。

CPTED研究框架示意　　　　　　　　　　　　　　　表1-4

分类	要素					
	S自然监视	C访问控制	T领域性	A活动支持	M维护管理	P居民参与
FF 设施物	S-1 S-2 S-3	C-1 C-2	T-1 T-2	A-1 A-2	M-1	—
PS 物理空间	S-4 S-5	C-3	T-3 T-4	A-3	M-2	—
OM 运营维护管理	S-6	C-4	T-5	A-4 A-5	M-3 M-4 M-5	P-1 P-2 P-3

【示意】"PS（S-4）"表示：物理空间分类中的自然监视要素第4项：不得有藏身的空间、设施、树木，灌木高度50cm以下，避免蜿蜒景观道路产生视线盲区

3. 案例分析方法

主要将案例分析方法运用于国内外老旧小区再生CPTED要素的比较研究，运用研究框架分析广州共和村、永庆坊，深圳大芬村、沙井村的现状和问题。

4. 民族志研究方法

该方法是一种实地调查研究方法。通过走访面谈调查、网络调查等方式进行居民调查。通过电话采访、面对面、邮件等方式进行专家调研。

该方法为了验证案例调查结果，对专家和小区居民进行CPTED要素权重性，居民安全感和有待优化的CPTED要素调查，拟发放1000份调查问卷分别在早、中、晚不同时间段进行采样，并尽量使性别、年龄分布合理。调查问卷涉及专家、居民一般信息、居民安全感和CPTED要素有待改善的内容等模块。

5. 统计分析方法

通过实地发放调查问卷采集基础数据，对有效问卷数据进行数理统计分析，确定被害恐惧感的主要环境影响因素。通过统计分析方法，运用IBM SPSS Statistics 23进行调研问卷信度分析、权重性分析，验证案例分析结果。

1.6 研究预期效果

通过先行研究证实 CPTED 在老旧小区城市再生中的必要性。国外 CPTED 全面研究始于 2000 年，有建筑设计及规划，警察学、犯罪学等不同领域的专业人员参与，研究范围从城市规划到老旧小区、公共住房、学校、公园等。研究方法涉及文献、实地、居民、专家调查以及统计分析等，部分研究通过居民调查，少部分通过专家调查进行了研究验证。而中国 CPTED 研究起步于近十年，尚未拓展到老旧小区等复杂的城市环境研究。目前只有建筑设计、规划设计专业人员参与研究。研究方法较少涉及居民调查，未涉及专家调查进行研究验证。CPTED 要素运用仅有少量文献提及居民参与要素，但未有研究案例。

以上问题造成中国 CPTED 研究方法和理论框架并不完善。本研究运用文献、实地、居民、专家调查和统计分析多种研究方法。通过 CPTED 理论分析，导出理论分析框架，以此进行老旧小区案例研究，并通过居民和专家调查进行研究验证，得出老旧小区迫切需要改善的问题，并提出解决策略。这是一项基于中国社会背景的研究，通过 CPTED 视角进行老旧小区再生。为中国正在进行的城市再生，为中国城市规划、建筑设计和公共设计者进行 CPTED 研究提供了研究参考。

1.7 研究框架（图1-12）

图1-12 研究框架

第二章　CPTED 要素分析

2.1　CPTED 要素关联分析

2.1.1　国外老旧小区 CPTED 要素分析

本节分析了老旧小区再生案例 CPTED 要素详细内容。每位研究人员对 CPTED 要素运用有所不同，但自然监视在每个研究里都有运用，可见自然监视在 CPTED 中的重要性。自然监视的措施主要以安全的设备设施、照明、活动设施为主。领域性、活动支持和维护管理仅次于自然监视，也是普遍运用的，因此这四个要素是国外老旧小区再生优先考虑的因素。领域性的内容有空间围合或材料、颜色、尺度等多种象征性领域界定空间。活动支持的内容有通过公共活动户外设施和室内空间产生的交流活动。维护管理的内容有设施、设备、景观、建筑、街道管理，人和车的管理及教育。而访问控制和居民参与相对较少运用。访问控制的内容主要以机械或物理手段为主，明确功能空间进行访问阻止。居民参与的内容通过邻里满意度、社区意见、制定安全的生活准则、安全防范教育活动和讲座以及自律巡查队等体现。国外论文 CPTED 要素分析举例见表 2-1。

2.1.2　中国老旧小区 CPTED 要素分析

先行研究分析发现，每个研究人员对 CPTED 要素的应用有所不同，但自然监视在每个研究中都运用，可见其重要性。自然监视的内容主要以安全的设备设施，照明，活动设施为主，但设施设备种类不多。访问控制、领域性、活动支持和维护管理仅次于自然监视，也是普遍运用的，因此这五个要素是目前中国老旧小区再生优先考虑的因素。访问控制的内容主要以人员安保、巡逻、小区封闭管理为主，配合机械或物理手段进行访问阻止。领域性强调内容底层商业、转角空间围合或材料、颜色、尺度等多种象征性领域界定空间。活动支持的内容主要通过公共活动户外设施进行，而室内活动空间少，商业活动比重大。而居民参与极少运用，可见对此要素研究存在缺失。居民参与的内容仅涉及鼓励多协作和社区管理，理论及实证研究深度远远不足。中国论文 CPTED 要素运用分析举例见表 2-2。

表2-1

国外论文CPTED要素分析举例

	题目	自然监视S	访问控制C	领域性T	活动支持A	维护管理M	居民参与P
1	The Influence of Residential Crime Prevention through Community Activity: With a Focused on Valuation of Consciousness in Dongjak-gu	- 路灯、视频监控、警察巡逻	—	—	—	—	- 邻里交流场所 - 邻里对设施的满意度
2	A Study on Effective Crime Safety Village Project: Focused on Crime Safety Village Project in Dongjak District, Seoul	- LED巷道、门禁防盗灯、安保灯 - 楼梯照明 - 安全停车场 - 公园噪声响应、远光、围栏照明 - 语音识别警铃可视 - 视频监控及标识 - 电话杆标牌 - 犯罪预防设计区、巡逻基地标志	- 胡同、门牌标识 - 安全窗口 - 房尾、废弃房屋的安全栅栏	- 涂上油漆的围栏 - 禁止倾倒垃圾、吸烟标识 - 特殊荧光材料和标识的应用	- 长椅、花坛 - 休息区、避难所禁止停车 - 社区中心、回忆墙 - 新闻、电报杆公告板、通信公告栏 - 向导、指南、恐猫地图、商业、垃圾排放灯 - 女性安全回家路标记、安心店 - 胡同消防局	- 楼梯安全维护 - 道路的改善、维护 - 围墙、挡土墙维护 - 燃气管道荧光材料应用	- 制作生活安全准则 - 成立乡村安全志愿小组
3	The Impact of CPTED on Fear of Crime Levels of Residents in Low-density Neighborhoods-Focusing on Seoul Human Town Projects	- 住宅围墙及植栽高度确保能见度 - 壁画缓解行人紧张情绪、增加人流 - 社区活动设施令邻居聚集	—	- 围墙明确公共空间和私人空间 - 壁画绘制 - 停车位界定私人土地 - 公园和庇护所、休息区的领域性	- 社区设施促进居民交流、利于形成共域共同体 - 公园和庇护所、休息区	- 壁画表明进行地区维护和管理中 - 步行道改善环境	- 增加居民满意度和参与性 - 形成社区意识

25

续表

	题目	自然监视S	访问控制C	领域性T	活动支持A	维护管理M	居民参与P
4	A Study on the Cognition of CPTED, Crime and Fear of Crime according to Housing Types-Focused on Case-Study of A Gu, Seoul City	- 避免狭窄、复杂的胡同的视频监控 - 照明 - 私人安保设施	- 门禁防止醉汉、流氓出入 - 防盗窗	- 非法停车制造监控盲点	- 保证公共设施灯光和人流 - 紧急电话、警力 - 休闲设施、游乐场、小公园、咖啡厅	- 设施、胡同、空房管理 - 房屋周围无盲区	- 邻里间关系、交流 - 社区聚会
5	A Case Study on CPTED Projects for Regeneration of Deteriorated Residential Area-Focused on Cases of 'Deokpo-dong','Chilsan-dong' and 'Sujeong-dong' in Busan City	- 视频监控、紧急铃 - 照明充足 - 窗户和透视墙无遮挡 - 空间、设施不可藏身 - 路灯和安全灯 - 安保公示牌	- 燃气管道防止外部入侵 - 安装围栏、阻止设备 - 巡逻	- 加强围栏和区域标识牌 - 改善人迹罕至地区环境 - 墙面喷漆及绘制壁画 - 植栽、公园、花坛等	- 社区活动、社区空间 - 设施、安心区域的使用 - 易犯罪区域地图	- 保持公共设施或空间的可持续性	- 加强居民活动和计划 - 居民之间建立共识 - 犯罪教育 - 增加居民安全教育
6	A Study on Urban Regeneration Considering the CPTED- Focusing on the target site of the Busan Ansim Village Village Project	- 安装防盗设施 - 视频监控 - 路灯	—	- 防盗标识 - 设置指示牌	- 活动设施向周边开放	- 维护周围环境	- 预防犯罪、安全教育 - 官、民预防犯罪合作 - 危险预案

续表

	题目	自然监视S	访问控制C	领域性T	活动支持A	维护管理M	居民参与P
7	The Effects of Neighborhood Physical Changes caused by CPTED Project on Resident's Fear of Crime, Neighborhood Satisfaction, and Neighborhood Attachment in the Poverty Area - Focused on the Gamcheon 2- dong, Saha- gu, Busan	- 视频监控 - 安全灯、安全铃 - 夜间照明是否有黑暗道路或死角 - 绘制瓷砖壁画	- 陌生人出入控制	- 垃圾有指定区域，且堆放有序	- 休息设施、长凳和公园 - 安装防止犯罪的安全设施 - 安全栏杆、危险缓冲平台 - 人迹罕至地区设置康乐设施	- 清除斜坡、障碍物 - 人行道、墙壁和公共设施涂鸦 - 楼梯维护 - 翻新闲置卫生间	- 建立邻里关系
8	A Study of Crime Anxiety in the Region Using CPTED Index-Focusing on Alleyway Landscape Elements	- 窗户尺寸和数量 - 建筑出入口 - 胡同的宽度 - 照明情况 - 视频监控 - 反射镜	—	- 指示标识	- 有无行道树及植树	- 涂鸦及垃圾等清洁状况 - 废弃住宅	
9	Mural Village and Crime-Prevention Effects-A Case of 'Maechookji' Mural Village	- 视频监控 - 壁画 - 路灯 - 安保巡逻	—	- 壁画加强领域性	- 壁画增加居民活动 - 壁画增加游客	- 壁画消除无序物理环境	- 壁画增加地区依恋
10	Mural Village and Crime Prevention: A case of TaeGukdo-Village	- 壁画使游客增多 - 游客持续增多，破坏壁画和环境 - 犯罪预防手段并行，如视频监控	—	—	—	- 合理维护空间、设施	—

续表

	题目	自然监视S	访问控制C	领域性T	活动支持A	维护管理M	居民参与P
11	A Study on the Reduction of Crime Fears through CPTED Projects in Old Downtown Area of Jeju City Focusing on Community Program Approaches	- 视频监控，安全铃 - 安全守护室 - LED保安、夜光地面、门柱、太阳能灯 - 墙体喷漆、壁画 - 围墙整修 - 反光镜 - 防盗灯 - 地面铺装与照明	- 墙体砌筑	- 指示牌	- 口袋公园 - 无人快递柜 - 运营村内循环车 特色项目运营 - 村图书馆，阅读室，老人活动室，儿童游戏室 - 咖啡厅，餐厅，便利店，洗衣房，游泳池和健身房	- 停车场维护 - 加强巡逻和设立防范哨所 - 区域环境整治 有害垃圾，不良设施管理	- 安心村管理组织与联系网络 - 安心归家路，运营自律巡查队
12	Safety Assessment of Urban Residential Regeneration Area Based on Crime Prevention Through Environmental Design (CPTED)：The Case of Jecheon City, Korea	- 门口可观察道路 - 窗前无干扰视线 - 栏杆材料、高度控制或拆除 - 房间面向街道 - 安全灯，确保夜间视野 - 前后入口有窗	- 室外管道无法攀爬 - 防盗窗 - 门锁装置 - 入侵报警器 - 出入口视频监控	- 景观明确公共和私人领域 - 明确地址或张贴门牌 - 明确胡同可车行和人行道	- 布告栏信息交流 - 居民区横穿马路人数 - 村庄会馆，社区中心，亭子	- 照明设施始终保持工作状态 - 街道设施维护 - 废旧房屋数量	- 居民自助组织 - 邻里接触和交流
13	A Study on the Improvement of CPTED Effectiveness and Universal Design Criteria for Crime Prevention Activities	- 空间、设施无可藏身 - 死胡同一览无余 - 夜间照明可识别人脸	- 街道和建筑物之间，有足够的空间 人行道 辅道 围栏 - 安全灯以及辅助照明	- 分界处或出入口不同的设计或色彩 - 胡同宽≥2.0 m（地形原因≥1.2 m） - 路为重叠光区域照射	- 入口首文块 - 每个设施有一条人行道 - 交通信号灯，集成柱型路灯	- 垃圾要彻底整治 - 巷子地面维护 - 避免螺栓暴露 - 修剪妨碍步行景观树	—

续表

	题目	自然监视S	访问控制C	领域性T	活动支持A	维护管理M	居民参与P
13	A Study on the Improvement of CPTED Effectiveness and Universal Design Criteria for Crime Prevention Activities	- 控制景观树高度，确保视野 - 公共设施死角的应对措施	- 视频监控，设施无遮挡 - 无可攀爬设施 - 安全报警装置、警铃、紧急电话	- 路宽≤1.5m禁种行道树 - 轮椅通过空间1.5m - 明确公共、私人空间	- 避免常绿树产生永久性阴影 - 道路、举报犯罪行为标识	- 设施边平滑处理 - 设施维修电话	—
14	Case Studies of CPTED Techniques for Residential Rebuilding Project	- 透视墙、门 - 适当的景观设计与管理 - 保安灯、路灯照度保持一致 - 街灯、电线杆视频监控周围安装警铃 - 视线盲区安装视频监控 - 减速带、凸面反光镜、防滑路手、人行道	- 街巷、游乐场、公园安装视频监控 - 行人引导灯 - 巡逻与物理手段并行	- 造景、照明、铺装规划分领域性 - 明确标志 - 壁画在墙面的应用	- 增加康乐设施、长凳 - 建立社区自然监视 - 安全区电话亭、安心庇护所 - 心跳装置老人的安装 - 独居老人的孤独死亡预防系统 - 紧急灭火器	- 街道确保清晰的可视性 - 设施、楼栋维护 - 旧房、空置房屋拆除和花园建设	—
15	A Study on the CPTED Guidelines and Case of Netherlands, Austria for Crime Safety in Residential Area	- 面部识别，保证10m照亮 - 灌木≤50cm，确保前方视野，光线无干扰	- 建筑高≥2.85m，防止人侵者 - 出入口设置双向信箱 - 区分居民和外来者的停车场	- 按户数规划公用仓库规模 - 住区、学校、公共交通路线上，提供安心理安全感	- 不同年龄段居民康乐、娱乐设施 - 提供活动空间 - 根据户数规划游乐场面积	- 以倾斜形式规划主入口邮箱，防止堆放垃圾 - 扩大信箱	—

29

续表

	题目	自然监视S	访问控制C	领域性T	活动支持A	维护管理M	居民参与P
15	A Study on the CPTED Guidelines and Case of Netherlands, Austria for Crime Safety in Residential Area	- 出入口、楼梯间设置全玻璃 - 仓库安装窗户 - 规划住宅私家院子宽2~5m - 小区中央布置各类设施 - 公园位置可见性	- 可见性的围栏和围墙 - 控制住宅里接触和外部人员的访问	—	- 各种年龄段使用的设施 - 规划公园	- 人行道及外墙的美化管理	—
16	A Study on the Construction of a Safety Village Applying the Concept of CPTED (Crime Prevention through Environmental Design) - Focusing on Ganeung-dong	- 监视狭窄胡同 - 数量、亮度不足的路灯换成LED - 高亮度和饱和度的色彩、透明材料 - 清理妨碍视线、步行的树木 - 壁画绘制	—	- 规划停车区 - 标识增强区域性	- 社区活动空间，居民椅等提高社区活力 - 加强警察巡逻 - 建立避难所 - 安全地图	- 废弃设施维护 - 维护无人看管空间 - 设计花坛	- 策划幸福村守护者 - 参观CPTED示范地区、开展专家讲座 - 推广CPTED业务
17	The Study of Participatory CPTED (Crime Prevention Through Environmental Design) Using Public Art	- 出入口易于监视、照明完善 - 壁画、雕塑 - LED防盗灯 - 报警器、警灯 - 停车场装反射带 - 女性安心守护店 - 禁止停车、生活礼仪和垃圾指示标识 - 240°反射镜	—	- 增强出入口区域性 - 防范门区域标识 - 明确交叉口行人和车辆的区域	- 社区中心 - 自律防范活动、节日和表演 - 运动设施 - 休憩区及公园、花坛 - 村媒体 - 安全室 - 新闻公告板	- 避免可藏身空间、设施	- 分享村庄故事、创建通信 - 管理CPTED计划 - 兴趣分享 - 自律防犯队活动

表2-2 中国论文CPTED要素运用分析举例

序号	题目	自然监视S	访问控制C	领域性T	活动支持A	维护管理M	居民参与P
1	广州门禁小区入室盗窃受害率与内部环境影响分析	- 视频监控	- 是否完全物理封闭	- 入口处标识安保巡逻密集度	- 商店、咖啡店、餐厅 - 设施是否与外部人员共同使用	- 垃圾治理、形象维护 - 加强业主委员会、居委会、物业管理	—
2	基于多层次模型的广州入室盗窃家庭入室盗窃环境影响分析	- 安保系统	- 住宅入口处的认证监视系统 - 设置门禁	—	- 草坪、广场和健身器材 - 外出公共活动增加了家被盗的风险	- 提高物业管理水平	—
3	基于CPTED策略的社区边界空间安全设计	- 植物不阻碍视线 - 提高照明亮度、避免眩光 - 实时监控、警报、对讲设施	- 体系化边界空间 - 出入口控制 - 外来人员的监视管理	- 合理布局出入口、转角、底商 - 围墙空间 - 界定安全等级	- 利用转角空间激发活动 - 座椅、建筑小品、宣传栏、宣传安全防范	- 安保巡逻 - 居民安全教育 - 居民自主管理与维护社区	—
4	居住区公共空间犯罪预防设计研究	- 视频监控、照明充足、建筑无视觉死角 - 绿化 - 首、二层为公共、商业设施 - 车库采光 - 主路宽≥9m，双侧布置路灯 - 灌木要低矮，乔木树冠高于人 - 墙上绘画、灯光、外墙的色彩	- 主入口照明 - 人工、机械措施对进出小区人员、车辆登记 - 入口保卫、物业人员值班墙高≥2m钢铁网 - 入口刷卡或人脸识别系统	- 公共、私密空间通过色彩、文化、标识区分 - 商业、配套设施以及绿地进行围合 - 低绿篱笆、门洞、植物、石块 - 道路入口、交叉口识别方位的指示牌	- 健身、活动、休憩场所 - 绿化、流水、建筑小品、小广场 - 满足街面业态多样性 - 休憩座椅 - 警示标志牌和指示牌、报警电话	- 灯具维修 - 修剪阻挡视线和照明的植物 - 维修电话 - 墙体严禁乱贴小广告	—

续表

序号	题目	自然监视S	访问控制C	领域性T	活动支持A	维护管理M	居民参与P
5	基于CPTED理论的居住区犯罪防控案例研究	- 避免植被遮挡窗户 - 避免园林设计手法带来监视障碍 - 安betterments和巡逻 - 夜间照明	- 出入口控制 - 夜间值班控制度 - 安装电子对讲门 - 避免可攀爬的建筑立面 - 加固一楼、立面防盗措施	—	- 休息设施	- 管理公共活动空间 - 维护监控 - 维护环境 - 修剪植被 - 管理非机动车停放 - 水质改良 - 区域预防评估、管理	—
6	老城区居住区建成环境对犯罪行为的影响研究——以S市三个居住区为例	- 入口处照明 - 绿化形式、疏密程度不阻碍视线 - 无监视死角 - 防护门窗 - 单元楼内照明充足	- 控制出入口数量 - 停车场地 - 安装措施和车辆进入方式 - 连续的围墙 - 避免可攀爬的外立面 - 边界围栏 - 加装防盗门窗和防护网	—	- 保证公共活动场地及设施的人流量	- 停放车辆管理 - 道路维护 - 住宅楼面和门窗的维护 - 非机动车车库安排专人看管 - 绿化维护 - 管理乱贴的小广告	—
7	基于减弱破害恐惧感的街区式居住建筑外环境防卫安全设计探析	- 绿植无遮挡 - 无围合墙体遮挡视线 - 增强夜间照明	- 明确公共空间的指示性 - 材料、颜色、铺装 - 栏杆、篱笆界 - 明确入口范围	- 明确公共空间的指示性 - 材料、颜色、铺装 - 栏杆、篱笆界 - 确界	- 长椅、石凳、花坛等 - 休闲、健身设施	- 定期修剪植被 - 维护环境卫生 - 拆除乱搭建的建筑	—
8	基于CPTED理论和空间句法的住区街道空间规划设计与犯罪防控——以西安市瓦胡同小区、雁鸣小区为例	- 出入口通达性 - 避免景观掀娴小道 - 出入口电子设备、视频监控 - 避免边界过于围合降低街道可视性 - 确保照明充足	- 社区配备保安	—	—	—	—

32

续表

序号	题目	自然监视S	访问控制C	领域性T	活动支持A	维护管理M	居民参与P
9	CPTED理论在社区老旧居住小区儿童游乐区的评价应用	-游乐区靠近警卫室 -透明游戏装置 -一键报警装置 -篱笆、栏杆≥1.1m，确保透视性 -灌木≤0.6m -路灯高2.7-4.5m -照明设施正常工作避免眩光	-出入口许可权设置 -游乐区两个出入口，便于疏散人群 -游乐区与主干道保持一定距离	-围合的游乐区栏杆、篱笆、材料、色彩边界	-设置儿童游乐区休憩设施、母婴室、儿童厕所、无障碍设施、便利店，并确保使用率	-定期维护绿植，树下净空≥1.8m -避免设施尖角造成儿童伤害，游乐区水深≤35cm -沙坑定期翻晒消毒 -草皮安全材料地面	—
10	长沙老旧居住小区建筑外环境防卫安全改造策略研究	-疏通道路 -壁灯、反光镜、视频监控 -增强景观通透性，树木、建筑的距离适宜 -优化建筑立面，减少盲区 -照明设施间距10~15m，高度3~5m	-控制开放式小区入口数量 -增加半开放式小区出入口识别性 -封闭式小区门禁	-开放小区栅栏、绿篱改善边界 -半开放小区私密对环境影响居民对环境私密性的控制力 -封闭小区边界材料选用及高度 -绿篱、花坛、草坪、径路划分半公共、半私密空间 -树木、花架、铺地强化花坛围合感 -不同花坛种植不同植物 -大门、牌楼标识性的构筑物	-座椅、花池、树木、建筑小品、石桌供休息、交流 -儿童活动场长椅 -增加康乐设施	-定期剪花草树木，保证光环境的连续性 -加强对外来人员、车辆管理 -加强对道路及绿化的管理与维护	-开展住区活动，鼓励居民共同参与住区管理
11	盗窃案件高发居住区的绿化环境特征初探	-避免可藏身的浓密灌木和乔木，阻挡视线 -定期修剪竹林、乔木	—	—	—	-水体维护，绿化维护，落叶清理	—

33

续表

序号	题目	自然监视S	访问控制C	领域性T	活动支持A	维护管理M	居民参与P
12	基于CPTED理论的沈阳市居住区景观安全性设计研究	-小商业毗邻活动设施、停车位、主路 -避免遮挡视线 -避免可攀爬和庇护的植物 -停车场位置可见,避免楼间产生死角 -照明连续性、亮度	-减少车库出入口 -控制人口的数量、尺度、位置	-停车场出入口路线的颜色、符号,路面高差,铺地形式利于边界层次性 -促进邻里关系 -颜色、质感、尺度分区域 -增加景观标识	-棋牌、阅览、书画、乒乓球、老年人活动室,社区中心,卫生站,超市、亭、廊、花架、座椅等设施	—	—
13	基于CPTED理论的南京城市社区开放空间设计研究	-合理光照环境,避免眩光 -照亮所有出入口 -门窗观察到外部情况 -视频监控、安全通信,警报系统	-停车场入口明确	-区分人行道、自行车道,铺装 -领域标志 -合理布局出入口、转角、围墙、底商、休闲空间 -栅栏、矮墙、篱笆或透明材料围合	-商店、餐馆、文化娱乐、公共服务等开放空间	-定期修剪树木 -照明设备维护 -加强安保巡逻,提高安保人员专业技能	—
14	基于CPTED理论的合肥市住区防卫空间现状研究	-监控住宅内公共空间 -设置环形路网,无视线死角 -避免植物遮挡视线、照明间距,照度和连续性 -视频监控覆盖住宅区域	-避免外立面突出物或外露设备,增加攀爬难度与危险性 -保安岗亭和栏杆,使用门禁卡 -出入口控制	-出入口、边界的领域标识	-超市、社区卫生站、物业管理办公室 -促进社区活动	-物业保安、治安联防或其他形式的巡逻 -维护环境卫生 -设施维护	—
15	国内住区环境设计预防犯罪研究进展与反思	-住宅单体及群体布局,规避影响自然监视 -避免植被遮挡视线 -完善照明系统 -增加视频监控 -避免冷色系照明	-控制出入口数量,门卫管理 -避免利于攀爬的独栋住宅 -加高底层开敞的阳台 -车和家门上锁	-规划设计对犯罪者产生威胁和警示	—	-管理任意停放的车辆 -管理无人使用的活动场地 -维护植被	-物业、业主委员会、居民多方协作

2.1.3 老旧小区CPTED要素分类分析

通过老旧小区再生案例研究，CPTED以自然监视、访问控制、领域性、活动支持、维护管理、居民参与6要素为理论基础。经过分组比较，将其归纳为三个分类体系：满足生活需要而配备的设施物（FF）；供活动使用及确保安全的物理空间（PS）；保证设施始终保持工作状态、物理空间有序进行、开展各类活动项目的运营维护管理（OM）。设施物主要有：视频监控、警铃、报警器；防盗铃、防盗门窗；照明、指示灯；反射镜、凸面镜、反光带；康乐、商业设施；门禁、围栏；快递柜、信箱、电话亭；标识、指示牌、导盲系统；胡同消防局、灭火器；停车场；安全地图、守护者之家等。物理空间主要有：建筑入口；围墙绿植高度；窗无遮挡、房间面向街道；空间、树木无视线死角；公园、绿地、庭院；社区中心、媒体、图书馆；建筑高≥2.85m、胡同宽≥2m；区域色彩、公共艺术；景观控制领域；各类道路；人行道、停车位的图案等。运营维护管理主要有：空间、景观、设施无视线遮挡；保护壁画和环境；停车区维护；建筑、景观、道路维护；设施维护、设施维修电话；环境维护；运营特色项目；加强巡逻、社区活动；居民自助组织；预防犯罪活动、业务推广。CPTED要素分类如图2-1所示。

图2-1 CPTED要素分类

1. 国外老旧小区CPTED要素分类分析

从国外文献中不同研究人员CPTED要素运用情况，分析得出的各要素详细标准：自然监视 45 个，访问控制 17 个，领域性 21 个，活动支持 23 个，维护管理 28 个，居民参与 8 个。将各要素详细标准按设施物（FF）、物理空间（PS）和运营维护管理（OM）三个类别，有些详细标准同时属于其中两个或者三个类别（表 2-3～表 2-8）。

国外文献自然监视详细内容分析　　表2-3

序号	要素详细内容	FF	PS	OM
1	视频监控、视频监控标识	✓		
2	建筑入口能观察到道路		✓	
3	调整单独住宅的围墙及绿植高度		✓	✓
4	窗户、透视墙前无遮挡物		✓	✓
5	民居的前后入口至少一扇窗户		✓	
6	控制窗户尺寸和数量		✓	
7	建筑之间安装240°的反射镜	✓		
8	房间布局面向街道		✓	
9	出入口设置全玻璃		✓	
10	安装LED保安灯、防盗灯、夜光地面灯、门柱灯、太阳能栏杆灯	✓		
11	入口处照明	✓		
12	路灯的色彩令情绪稳定	✓		
13	噪声响应照明	✓		
14	住宅正面防盗灯	✓		
15	种植景观树并控制高度	✓		✓
16	夜晚的灯光10m内照亮面部	✓		
17	公园远光照明、围栏照明	✓		
18	楼梯间安装全玻璃窗，确保照明	✓	✓	
19	数量、亮度不足的路灯换成LED灯	✓		✓
20	社区活动令居民聚集			✓
21	无可藏身的空间、设施、树木、死胡同	✓	✓	✓
22	住宅周边公共空间的可视性		✓	
23	绿篱高度0.5m以下			✓

续表

序号	要素详细内容	FF	PS	OM
24	透明材料的使用、清除不必要的树木		✓	✓
25	小区中央布置各种设施	✓		
26	规划以确保公园可见性		✓	
27	胡同的宽度确保可视性		✓	
28	公共设施死角安装凸面镜	✓		
29	女性安心守护店、安心便利店	✓		
30	防滑路扶手、独立人行道	✓	✓	
31	壁画、雕塑、墙体喷漆		✓	
32	保护受到破坏的壁画和环境			✓
33	使用高亮度、高饱和度的色彩		✓	
34	停车区标识字体清晰明确	✓		
35	镜像面贴上反射带	✓		
36	仓库中安装窗户		✓	
37	语音识别警铃可视	✓		
38	街灯、电线杆、视频监控周围安装警铃	✓		
39	紧急情况下使用的蜂鸣器，警灯	✓		
40	安装减速带、反光镜	✓		
41	紧急电话亭标识	✓		
42	犯罪预防标识	✓		
43	巡逻基地空间标识	✓		
44	垃圾分类、禁止停车、生活礼仪标识	✓		
45	安保公示牌、外国人导视系统	✓		

国外文献访问控制详细内容分析　　表2-4

序号	要素详细内容	FF	PS	OM
1	规划建筑不低于2.85m		✓	
2	街道和建筑物之间预留足够空间		✓	
3	居民和外来者的停车场分区，安装传感器	✓	✓	✓

续表

序号	要素详细内容	FF	PS	OM
4	街巷、停车场的视线盲区安装视频监控	✓		
5	指引灯引导行人通行	✓		
6	防盗灯、辅助照明	✓		
7	防盗窗、门锁装置	✓		
8	入侵报警器、出入监控装置	✓		
9	陌生人出入控制	✓		✓
10	出入口设置双向信箱	✓		
11	外立面无可攀爬		✓	✓
12	安装警铃、防盗铃、紧急电话	✓		
13	废弃房屋安装安全栅栏		✓	✓
14	围栏、访问阻止设备、安排巡逻保安	✓	✓	✓
15	巡逻与物理监控手段并行	✓		✓
16	规划可见性的围栏和围墙		✓	
17	禁止通行、胡同、门牌标识	✓		

国外文献领域性详细内容分析 表2-5

序号	要素详细内容	FF	PS	OM
1	加强入口领域性		✓	
2	景观规划明确公共和私人领域		✓	
3	明确地址或门牌	✓		
4	明确胡同车行道和人行道		✓	
5	胡同宽不小于2m（地形限制不小于1.2m）		✓	
6	路宽小于1.5m禁止种植行道树			✓
7	提升住区至学校路上的安全感			✓
8	改善人迹罕至地区环境		✓	✓
9	停车位的图案区分公共道路和私人土地		✓	
10	墙面喷漆及绘制壁画		✓	
11	路灯为重叠光	✓		

续表

序号	要素详细内容	FF	PS	OM
12	防盗门、路牌、禁止吸烟、防盗的标识	✓		
13	行人和车辆通行区域标识	✓		
14	垃圾区标识，感应屏幕和地板触感器	✓		
15	电线杆标记数字	✓		
16	加强围栏和区域标识牌以激发居民责任感	✓		
17	边界有区域牌标识的围栏	✓		
18	特殊荧光材料和标识的应用	✓	✓	
19	空间分界处或出入口设置不同的设计或色彩		✓	
20	涂上油漆的围栏	✓		
21	按户数规划公用仓库规模			✓

国外文献活动支持详细内容分析 表2-6

序号	要素详细内容	FF	PS	OM
1	居民活动空间、社区中心		✓	
2	不同年龄段居民的游乐设施	✓		
3	加强道路、公园、绿地、安心区域的使用	✓	✓	✓
4	在人迹罕至的地方设置康乐设施并对周边开放	✓		✓
5	根据户数规划游乐场面积	✓		
6	开展节日表演、社区活动			✓
7	休息区、避难所、安心店外禁止停车			✓
8	咖啡馆、餐厅、便利店、洗衣房、游泳池和健身房	✓		✓
9	每个设施都有人行道连通		✓	
10	安全栏杆、危险缓冲平台、安全区电话亭	✓		
11	通信公告栏，电线杆公告栏	✓		
12	运营特色项目			✓
13	村媒体、图书馆、阅读室		✓	✓
14	无人快递柜	✓		
15	运营村内循环车	✓		✓

续表

序号	要素详细内容	FF	PS	OM
16	垃圾排放、红绿灯、扫把清洁指南	✓		✓
17	交叉路口安装指引性标志	✓		
18	女性安全回家的道路标记	✓		
19	建筑物入口地面安装盲文块	✓		
20	举报犯罪行为的指导性标识	✓		
21	恐惧地图、安全地图、向导图、商业指南地图	✓		
22	绘制壁画增加居民活动			✓
23	胡同消防局、紧急灭火器	✓		✓

国外文献维护管理详细内容分析　　　　　　表2-7

序号	要素详细内容	FF	PS	OM
1	了解废旧房屋数量			✓
2	旧房翻新、空置房屋和花园的拆除和建设		✓	✓
3	改善住房周边环境		✓	✓
4	楼梯安全维护		✓	✓
5	翻新闲置卫生间		✓	✓
6	维护无人看管空间的边界、地面、设施		✓	✓
7	照明设备始终保持工作状态	✓		✓
8	清理景观树,不得妨碍步行		✓	✓
9	街道整修确保清晰的可视性		✓	✓
10	围墙、挡土墙的美化管理		✓	✓
11	人行道维修		✓	✓
12	步行道图案化		✓	
13	与地面相切处应避免螺栓等暴露	✓		
14	街道设施维护	✓		✓
15	维护斜坡、清除障碍物			✓
16	道路的改善、匝道维护		✓	✓
17	环境的清洁和维护			✓
18	停车场维护	✓		✓

续表

序号	要素详细内容	FF	PS	OM
19	废弃设施的维护	✓		✓
20	人行道、墙壁和公共设施涂鸦清理	✓	✓	✓
21	荧光材料应用于燃气管道		✓	✓
22	区域环境整治		✓	✓
23	垃圾整治，不能乱扔乱放			✓
24	以倾斜形式规划主入口邮箱，防止堆放垃圾	✓		✓
25	长椅、垃圾桶、标识的平滑处理	✓		✓
26	设施损坏时维修的联系方式	✓		✓
27	爱犬信封箱	✓		✓
28	加强巡逻和设立防范哨所	✓		✓

国外文献居民参与详细内容分析　　　　表2-8

序号	要素详细内容	FF	PS	OM
1	居民自助组织，运营自律巡查队			✓
2	居民参与建设守护者之家、安心回家路、幸福村	✓	✓	✓
3	促进居民之间建立共识			✓
4	建立安心村管理组织与联系网络			✓
5	居民参与开展预防犯罪活动、安全活动、清洁活动			✓
6	居民参观预防犯罪示范地区，并请CPTED学会专家开展教育活动		✓	✓
7	官方和居民预防犯罪安全合作			✓
8	居民参与CPTED计划制定，推广业务			✓

2. 中国老旧小区 CPTED 要素分类分析

从中国文献中不同研究人员 CPTED 要素的运用，得出的各要素详细标准：自然监视 23 个，访问控制 15 个，领域性 18 个，活动支持 12 个，维护管理 16 个，居民参与 2 个。将各要素详细标准按设施（FF）、物理空间（PS）和运营维护管理（OM）三个类别，有些详细标准同时属于其中两个或者三个类别（表 2-9～表 2-14）。

中国自然监视详细内容分析　　　　　　　　　　　　表2-9

序号	要素详细内容	FF	PS	OM
1	视频监控、一键警报系统、对讲装置	✓		
2	防盗门窗	✓		
3	壁灯、反光镜	✓		
4	绿化不阻碍视线,门窗可观察到外部情况		✓	
5	灌木不高于0.6m		✓	
6	篱笆、栏杆不高于1.1m		✓	
7	避免产生蜿蜒小道		✓	
8	建筑一、二层为公共设施或商店	✓		
9	建筑无视线盲区		✓	
10	小商业毗邻活动场所、路边停车位、道路	✓		
11	避免可攀爬、可躲避的植物		✓	
12	保证出入口通达性		✓	✓
13	设置环形路网,无视线盲区		✓	
14	住宅内的公共空间进行有效监控		✓	✓
15	停车场位置可见		✓	
16	入口处、单元楼内照明充足	✓		
17	颜色、照度、照明连续性适宜,避免眩光	✓		
18	主路宽度大于9m双侧布置路灯,小于9m单侧布置路灯	✓		
19	地下车库采光充足	✓		
20	安保和巡逻			✓
21	儿童游乐场靠近警卫室	✓		
22	儿童游乐场运用透明材料		✓	
23	空白墙面绘画、灯光、色彩处理		✓	

中国访问控制详细内容分析　　　　　　　　　　　　表2-10

序号	要素详细内容	FF	PS	OM
1	出入口数量、尺度、位置		✓	

续表

序号	要素详细内容	FF	PS	OM
2	半开放式小区出入口的识别性		✓	✓
3	门禁刷卡、人脸识别、电梯身份认证	✓		
4	门卫管理、物业人员值班			✓
5	人工、技术、机械措施，控制进出小区的人员及车辆	✓		✓
6	设置绿篱、栏杆、牌楼明确入口范围		✓	
7	连续的围墙高度大于2 m		✓	
8	防盗门窗、防护网	✓		
9	加固建筑底层、立面防盗设施	✓		
10	避免外立面突出物或外露设备	✓	✓	✓
11	车和家门上锁			✓
12	社区配备保安			✓
13	停车场安保设施，减少出入口	✓	✓	✓
14	儿童游乐区有两个以上出口		✓	
15	儿童游乐区远离机动车主干道		✓	

中国领域性详细内容分析　　　　　表2-11

序号	要素详细内容	FF	PS	OM
1	出入口、边界的领域标识	✓		
2	入口处设立大门、牌楼、构架		✓	
3	绿篱、花坛、草坪、小径、树木强化空间的围合感	✓	✓	
4	栅栏、围墙、照明来表明领地	✓	✓	
5	区分不同区域颜色、质感、材料、铺装、尺度和图案		✓	
6	合理布局出入口、转角的底商、公共休闲以及围墙空间	✓	✓	
7	商业、配套设施进行围合	✓	✓	
8	围合的儿童游乐区	✓		
9	使用透明材料构筑篱笆		✓	

续表

序号	要素详细内容	FF	PS	OM
10	明确公共空间的指示性		✓	
11	半开放式小区空间的私密程度		✓	
12	不同花坛种植不同的植物			✓
13	巡逻安保密集度			✓
14	界定空间安全等级		✓	✓
15	道路或交叉口设置通行指示牌	✓		
16	停车场出口路线的颜色、符号、路面高差、铺装不同于周边环境	✓	✓	
17	增加景观标识	✓		
18	人行道、自行车道的铺装有区分		✓	

中国活动支持详细内容分析　　　　表2-12

序号	要素详细内容	FF	PS	OM
1	设施是否与外部人共同使用	✓		✓
2	公共活动增加家被盗的风险			✓
3	水池、树木、建筑小品、小广场、花园休闲设施	✓	✓	
4	保证公共活动空间的人流量		✓	✓
5	康乐设施	✓		
6	儿童游乐区休憩设施、母婴室、儿童厕所、无障碍设施、便利店，并确保使用率	✓	✓	✓
7	棋牌室、阅览室、书画室、乒乓球室、老年人活动室		✓	✓
8	社区卫生站、物业管理办公室	✓	✓	✓
9	商店、餐馆、文化娱乐和公共服务	✓		
10	规划转角空间，业态多样性		✓	✓
11	安全宣传栏，宣传安全防范	✓		
12	警示标志和指示牌、报警电话	✓		

中国维护管理详细内容分析　　　　表2-13

序号	要素详细内容	FF	PS	OM
1	加强对业主委员会、居委会、物业的管理			✓

续表

序号	要素详细内容	FF	PS	OM
2	管理公共活动空间及无人使用的活动场地		✓	✓
3	维护监控系统	✓		✓
4	维护绿植和改良水质，树下净空大于1.8m		✓	✓
5	维护道路管理		✓	✓
6	维护住宅楼面和门窗		✓	✓
7	管理任意停放和外来人员的车辆，非机动车车库安排安保	✓		✓
8	维护环境、清理乱贴的小广告			✓
9	整理居民乱搭建的建筑		✓	✓
10	保证照明设备处于工作状态	✓		✓
11	避免设施上出现尖角、锐边	✓		✓
12	儿童游乐区水深35cm以下，定期翻晒消毒沙坑，橡胶、草皮铺地	✓		✓
13	设施损坏拨打的电话			✓
14	安全教育，引导居民管理与维护社区			✓
15	物业保安、治安联防			✓
16	分区域预防评估，制定管理办法			✓

中国居民参与详细内容分析　　　　表2-14

序号	要素详细内容	FF	PS	OM
1	物业管理、业主委员会、居民多方沟通协作			✓
2	开展住区活动，鼓励居民共同参与住区管理			✓

2.2 CPTED 要素比较分析

2.2.1 自然监视

1. 差异性分析

将表2-3和表2-9进行列表对比分析，得到中外自然监视详细内容的共同点和差异性（表2-15）。

中外自然监视比较 表2-15

比较要素	分类	共同点	差异性	
			国外	中国
国外要素详细内容（表2-3）中国要素详细内容（表2-9）	• 设施物-FF	➢ 视频监控、警铃、安全铃、报警系统 ➢ 小区布置各类设施 ➢ 照明设施：照度、照明连续性适宜，夜晚面部识别保证10m照亮，并避免眩光	➢ 噪声响应照明 ➢ 犯罪预防、巡逻基地、紧急电话亭、安保公示牌、外国人导视系统、垃圾分类、禁止停车、生活礼仪标识 ➢ 视线通透：无可藏身的空间、设施、树木，梯间安装全玻璃窗 ➢ 女性安心守护、便利店 ➢ 安全装置：建筑之间安装反射镜，死角安装凸面镜，安装减速带，防滑路扶手，有独立人行道	➢ 儿童游乐场靠近警卫室
	• 物理空间-PS	➢ 不得有藏身的空间、设施、树木，灌木高度0.5m以下，避免曲折道路 ➢ 无视线盲区：调整单栋住宅的围墙及绿植高度，绿化不阻碍视线，门窗可观察到外部情况 ➢ 建筑、公园、街道无盲区 ➢ 壁画、雕塑、墙体喷漆、色彩、灯光处理	➢ 窗户的大小和数量 ➢ 房屋布局面向街道 ➢ 仓库中安装窗户 ➢ 出入口、楼梯间设置全玻璃	➢ 设置环形路网，无视线盲区，避免产生蜿蜒小道 ➢ 建筑一、二层为公共设施或商店 ➢ 保证出入口通达性 ➢ 儿童游乐场运用透明材料
	• 运营维护管理-OM	—	➢ 社区活动令居民聚集 ➢ 保护壁画和环境 ➢ 不得有藏身的空间、设施、树木，灌木高度控制在0.5m以下，避免曲折道路	➢ 保证出入口通达性 ➢ 监控室内公共空间 ➢ 安保和巡逻

从差异性分析可见，中外共同的要素详细内容7项，国外特有的详细内容12项，而中国为8项，中国的要素详细内容少于国外。进一步分类占比分析，自然监视部分：设施类最多，其次是物理空间类；与国外情况相反，中国自然监视中物理空间类最多，其次是设施类。从分类来看：国外的设施物类占41.7%，而中国只占12.5%；国外的物理空间类占33.3%，而在中国占50%；国外的运营维护管埋类占25%，在中国占37.5%（图2-2）。

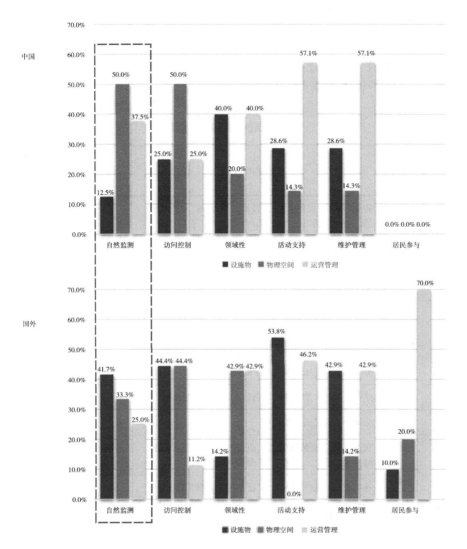

图 2-2 中外 CPTED 要素自然监视比较

以上分析可见，外国主要通过设施来实现自然监视。中国自然监视的设施类数量过少，仍然以物理空间控制为主，难以形成有效自然监视。中国的自然监视中报警设施、活动设施和照明设施数量、种类都应适当增多，以保证安全的同时，给潜在犯罪分子以震慑。增加物理空间的开放性，避免存在视线盲区。对于设施和物理空间的运营维护管理要加强，尤其是视频监控、报警设施和照明设施的维护，运营维护管理占比。因此自然监视中详细内容分类适宜的比例：设施、物理空间和运营维护管理为 4：3：2。

2. 分析结果

将表 2-15 中外共同点和差异性内容相近的表述合并，减去内容相同的部分,得到自然监视 11 项详细内容,见表 2-16。而有些文献在自然监视提出的安全设施、各类标识、居民活动、出入口通达性和安保巡逻,在其他要素重复提及,经过分析本研究将此措施分别列入访问控制、领域性、活动支持、维护管理的重点研究内容。

中外自然监视分析结果　　　　　　　　　表 2-16

序号	分类	详细内容	共同点	差异性 外	差异性 中
1	FF	防盗设施:视频监控、警铃、安全铃、报警系统;防盗门窗	√		
2	FF	照明设施:照度、照明连续性示意,夜晚面部识别保证10m照亮,并避免眩光等;噪声响应照明	√		
3		小区布置各类设施	√		
4	PS	无视线盲区:不得有藏身的空间、设施、树木,灌木高度0.5m以下,避免曲折道路;房屋布局面向街道,门窗可观察到外部情况;仓库中安装窗户;出入口、建筑、公园、街道无盲区;设置环形路网,避免园林景观产生蜿蜒小道	√		√
5		壁画、雕塑、墙体喷漆、色彩、灯光处理及保护	√		
6	OM	女性安心守护店、便利店		√	
7	FF	安全设施:安装反射镜、凸面镜、减速带、防滑路扶手、独立人行道		√	
8	FF	各类标识:犯罪预防、巡逻基地、紧急电话亭、安保公示牌、外国人导视系统、垃圾分类、禁止停车、生活礼仪标识		√	
9		社区活动令居民聚集		√	
10	OM	保证出入口通达性			√
11		安保和巡逻			√

2.2.2 访问控制

1. 差异性分析

将表 2-4 和表 2-10 进行列表对比分析,得到中外访问控制详细内容的共同点和差异性(表 2-17)。

从差异性分析可见,中外共同的要素详细内容 9 项,国外特有的详细内容 9 项,而中国为 4 项,中国的要素详细内容少于国外。进一步分类占比分析，国外访问控制部分：设施物和物理空间类最多，其次是物理空间类。与国外情况不同，中国物理空间类最多也仅为2项，设施物和运营维护管理类仅各有1项。从分类来看：国外的设施物类占44.4%，而在中国占25%；物理空间类国外占44.4%、中国占50%；国外的运营维护管理类占11.2%，而在中国占25%（图2-3）。

中外访问控制比较　　　　　　　　　　　　　　　表2-17

比较要素	分类	共同点	差异性	
			国外	中国
国外要素详细内容（表2-4）中国要素详细内容（表2-10）	• 设施物-FF			
		➤ 门禁许可权认证系统：刷卡门禁、人脸识别、电梯身份认证、车辆通行装置 ➤ 安装防盗设施 ➤ 紧急电话、防盗铃	➤ 巡逻和物理监控手段并行 ➤ 禁止通行、胡同、门牌标识、交通灯 ➤ 出入口设置双向信箱 ➤ 区分外来访客和居民的停车场	➤ 停车场安保设施，减少出入口
	• 物理空间-PS			
		➤ 避免树木、建筑外立面突出物或设备外露 ➤ 门禁许可权认证系统 ➤ 明确入口范围	➤ 居民和外来者的停车场分区 ➤ 废弃房屋安装安全栅栏 ➤ 访问阻止设备、巡逻保安 ➤ 街道和建筑物之间预留足够空间	➤ 停车场安保设施，减少出入口 ➤ 儿童游乐区有两个以上出口，远离机动车主干道
	• 运营维护管理-OM			
		➤ 控制访客进入，人工、技术、机械措施，登记进出人员、车辆 ➤ 避免树木、建筑外立面突出物或设备外露 ➤ 巡逻与物理监控手段并行，门卫管理、物业管理	➤ 废弃房屋安装安全栅栏	➤ 半开放式小区出入口趣味性、识别性

以上分析可见，国外的访问控制以设施物及物理空间类的控制为主。具体来看，其中中国防盗设施、安全设施、访问阻止标识种类和数量过少，这方面设施要加强，门禁认证系统多于国外。物理阻断如不可见的围墙，降低了自然监视，反而带来了犯罪隐患。国外运营维护管理类较少，由于中国大部分是门禁小区，以治安联防为主，因此安保和巡逻的人工维

49

护管理较多。人工管理和通过物理阻断的访问阻止措施要适度，结合通过防盗设施、安全设施、标识的访问阻止，以此来实现有效访问控制。因此访问控制中详细内容分类适宜的比例：设施、物理空间和运营维护管理为4:4:1。

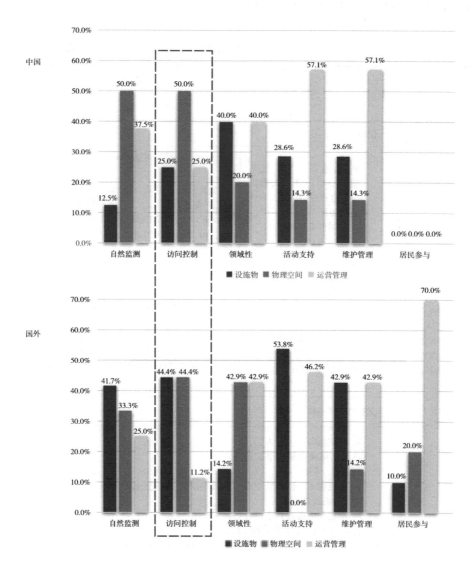

图 2-3　中外 CPTED 要素访问控制比较

2. 分析结果

将表 2-17 中外共同点和差异性内容相近的表述合并，内容相同的删除，得到访问控制 9 项详细内容，见表 2-18。而有些文献在访问控制提出的废弃房屋、街道和建筑物之间预留足够空间、安保巡逻，在其他要素重复提及，经过分析本研究将此措施分别列入领域性、活动支持、维护管理的重点研究内容。

中外访问控制分析结果　　　　　　　　　　表2-18

序号	差异	详细内容	共同点	差异性 外	差异性 中
1	FF	安装防盗设施，防盗铃、紧急电话	✓		
2	FF	门禁许可权认证系统：刷卡门禁、人脸识别、电梯身份认证、车辆通行装置	✓		
		区分外来访客和居民的停车场		✓	
3	PS	明确入口范围	✓		
		停车场安保设施，减少出入口；儿童游乐区有两个以上出口，远离机动车主干道			✓
4	OM	避免立面可攀爬；避免树木、建筑外立面突出物或设备外露	✓		
	FF	各类标识：禁止通行、胡同、门牌标识，交通灯		✓	
5	PS	废弃房屋安装安全栅栏		✓	
6	FF	出入口设置双向信箱		✓	
7	PS	街道和建筑物之间预留足够空间		✓	
8	OM	安保和巡逻：巡逻与物理监控手段并行，门卫管理、物业人员值班，即物业管理	✓		
9		半开放式小区出入口趣味性			✓

2.2.3 领域性

1. 差异性分析

将表2-5和表2-11进行列表对比分析，得到中外领域性详细内容的共同点和差异性（表2-19）。

从差异性分析可见，中外共同的要素详细内容8项，国外特有的详细内容7项，而中国为5项，中国的要素详细内容少于国外。进一步分类占比分析，领域性部分：物理空间、运营维护管理最多，其次是设施物类；与国外情况不同，中国设施物及运营维护管理类最多，其次是物理空间类。从分类来看：国外的设施类占14.2%，在中国占40%；国外的物理空间类占42.9%，而在中国占20%；国外的运营维护管理类占42.9%，在中国占40%，数据比较接近（图2-4）。

中外领域性比较 表2-19

比较要素	分类	共同点	差异性	
			国外	中国
国外要素详细内容（表2-5）中国要素详细内容（表2-11）	• 设施物-FF			
		➤ 增加各类标识：出入口、边界的领域标识等 ➤ 涂上油漆的围栏、栅栏、围墙、照明来表明领地	➤ 垃圾区标识，感应屏幕和地板触感器	➤ 合理布局出入口、转角的底商、公共休闲设施、景观空间、围墙空间 ➤ 不同区域颜色、质感、材料、铺装、尺度和图案区分
	• 物理空间-PS			
		➤ 入口处设立大门、牌楼、构架，加强入口领域性 ➤ 明确车行道和人行道 ➤ 区分不同区域颜色、质感、材料、铺装、尺度和图案 ➤ 景观规划明确公共和私人领域，绿篱、花坛、草坪、小径、树木强化空间围合 ➤ 标识的使用	➤ 改善人迹罕至地区环境 ➤ 墙面喷漆及绘制壁画 ➤ 胡同宽≥2m（地形限制≥1.2m）	➤ 合理布局出入口、转角的底商、公共休闲、商业以及围墙空间
	• 运营维护管理-OM			
		➤ 路面安全界定，提升安全感	➤ 路宽<1.5m禁止种植行道树 ➤ 界定空间等级 ➤ 合理规划仓库	➤ 花坛种植不同的植物 ➤ 巡逻安保密集度

以上分析可见，中外的差别点主要体现在物理空间类，国外的领域性以物理空间控制为主。具体来看，其中中国对于窄巷的植物缺少明确的尺度要求，更为注重转角的底层商业空间的设计，而商业设施夜晚打烊后并无根本解决安全问题，因此设施需要加强。中国更加注重巡逻安保和植被的运营维护管理。因此领域性中详细内容分类大致适宜的比例：设施、物理空间和运营维护管理为1:2:2。

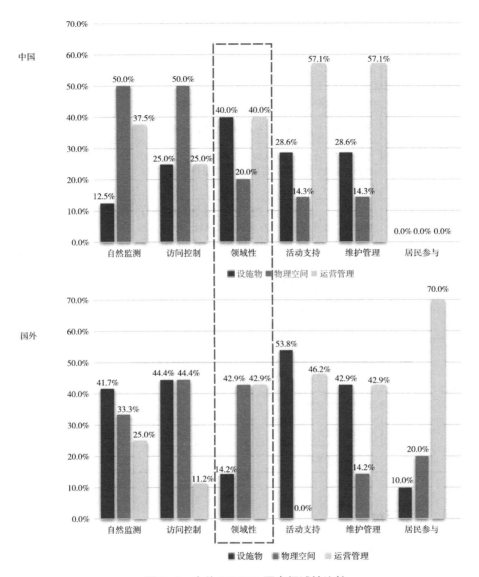

图 2-4 中外 CPTED 要素领域性比较

2. 分析结果

将表 2-19 中外共同点和差异性内容相近的表述合并，内容相同的删除，得到领域性 9 项详细内容，见表 2-20。而有些文献在访问控制提出的提升路面安全感、改善人迹罕至地区环境、巡逻安保密集度，在其他要素重复提及，经过分析本研究将此措施分别列入活动支持、自然监视、维护管理的重点研究内容。

中外领域性分析结果 表2-20

序号	差异	详细内容	共同点	差异性 外	差异性 中
1	FF	增加各类标识、标记：出入口、边界的领域标识等	✓		
1	FF	各类标识：垃圾区标识，感应屏幕和地板触感器		✓	
2	FF、OM	空间围合：合理布局出入口、转角的底商、公共休闲设施、景观空间、围墙空间；不同花坛种植不同的植物			✓
2	FF、PS	空间围合：入口处设立大门、牌楼、构架，加强入口领域性；景观规划明确公共和私人领域，绿篱、花坛、草坪、小径、树木强化空间的围合感；涂上油漆的围栏、栅栏、围墙、照明来表明领地	✓		
3	PS、OM	胡同宽≥2m（地形限制不小于1.2m）；路宽<1.5m禁止种植行道树		✓	
4		区分不同区域颜色、质感、材料、铺装、尺度和图案	✓		
5	PS	明确车行道和人行道，提升路面安全感		✓	
6	PS	改善人迹罕至地区环境		✓	
7		墙面喷漆及绘制壁画		✓	
8	OM	合理规划仓库			✓
9		巡逻安保密集度			✓

2.2.4 活动支持

1. 差异性分析

将表2-6和表2-12进行列表对比分析，得到中外活动支持详细内容的共同点和差异性（表2-21）。

从差异性分析可见，中外共同的要素详细内容9项，国外特有的详细内容13项，而中国为7项，中国的要素详细内容少于国外。进一步分类占比分析，活动支持部分：国外设施物类最多，明显高于物理空间；中国物理空间类最少，维护管理类和设施类占比基本一致。从分类来看：国外的设施物类占53.8%，在中国占28.6%，数据接近；国外的物理空间类占0.0%，在中国占14.3%；国外的运营维护管理类占46.2%，而在中国占57.1%（图2-5）。

中外活动支持比较　　　　　　　　　表2-21

比较要素	分类	共同点	差异性	
			国外	中国
国外要素详细内容（表2-6）中国要素详细内容（表2-12）	• 设施物-FF	➢ 座椅、花池、树木、建筑小品、小广场、花园休闲户外设施 ➢ 经营咖啡馆、餐厅、便利店、洗衣房 ➢ 新闻、通信公告、电线杆公告、安全宣传栏 ➢ 各类标识	➢ 在人迹罕至地区设置康乐设施并对周边开放 ➢ 根据户数规划游乐场面积 ➢ 运营村内循环车 ➢ 女性安全回家路标记 ➢ 入口地面安装盲文块 ➢ 安全、向导、商业指南地图 ➢ 胡同消防局、灭火器、安全栏杆、危险缓冲平台	➢ 社区卫生站、物业管理办公室 ➢ 设施使用情况
	• 物理空间-PS	➢ 居民活动空间、社区中心、社区卫生站、物业管理办公室 ➢ 村媒体、图书馆、居民活动室 ➢ 加强设施使用	—	➢ 儿童游乐区休憩设施、母婴室、儿童厕所、无障碍设施、便利店并确保使用率
	• 运营维护管理-OM	➢ 在人迹罕至地区设置康乐设施并对周边开放 ➢ 社区活动 ➢ 村媒体、图书馆、棋牌、阅览、书画、乒乓球、老年人活动室 ➢ 咖啡馆、餐厅、便利店、洗衣房、游泳池和健身房 ➢ 加强设施和公共空间使用	➢ 运营特色项目 ➢ 运营村内循环车 ➢ 垃圾排放红绿灯、扫把清洁指南 ➢ 胡同消防局、灭火器 ➢ 休息区、避难所、安心店外禁止停车 ➢ 开展居民活动	➢ 儿童游乐区休憩设施、母婴室、儿童厕所、无障碍设施、便利店，并确保使用率 ➢ 卫生站、物业管理办公室 ➢ 规划转角空间，业态多样性 ➢ 设施与外部人员共同使用

以上分析可见，中国活动支持设施类不足，各类地图、女性安全回家路标记、运营村内循环车或特色项目等，对服务型物理空间设计较多。中国的活动支持中设施的占比要超过物理空间，因此物理空间要减少。中

的物业管理较多，应提倡居民自发组织活动。因此活动支持中详细内容分类大致适宜的比例：设施、物理空间和运营维护管理为2：1：2。

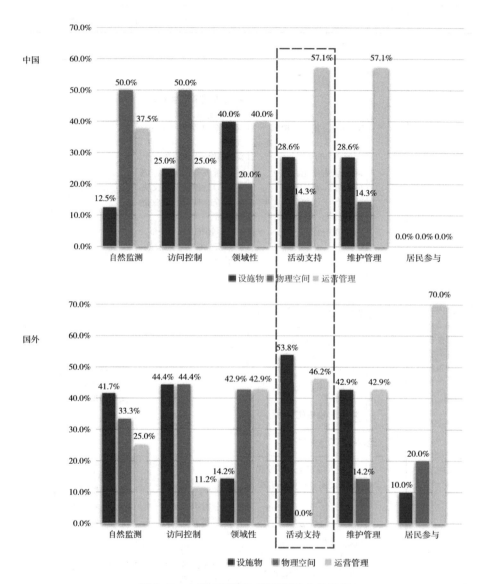

图 2-5 中外 CPTED 要素活动支持比较

2. 分析结果

将表 2-21 中外共同点和差异性内容相近的表述合并，内容相同的删除，得到活动支持 8 项详细内容，见表 2-22。而有些文献在访问控制提出的各类标识、安全设施、休息区、避难所、安心店外禁止停车在其他要素重复提及，经过分析本研究将此措施分别列入领域性，访问控制的重点研究内容。

中外活动支持分析结果　　　　　表2-22

序号	分类	详细内容	共同点	差异性 外	差异性 中
1	FF	不同年龄段、座椅、花池、树木、建筑小品、小广场、花园休闲户外设施	✓		
1	PS、FF	儿童游乐区休憩设施、母婴室、儿童厕所、无障碍设施、便利店并确保使用率；设施使用情况			✓
2	FF	在人迹罕至的地方设置康乐设施并对周边开放；根据户数规划游乐场面积		✓	
2	FF	新闻、通信公告栏、电线杆公告栏、安全宣传栏	✓		
2	FF	恐惧、安全、向导、商业指南地图		✓	
3	PS、OM	村媒体、图书馆、棋牌室、阅览室、书画室、乒乓球室、老年人活动室；居民活动空间、社区中心、社区卫生站、物业管理办公室，并加强使用	✓		
4	OM	经营咖啡馆、餐厅、便利店、洗衣房、游泳池和健身房	✓		
4	OM	规划转角空间，业态多样性			✓
5	OM	社区活动：绘制壁画	✓		
5	OM	运营特色项目；运营村内循环车		✓	
6	FF、OM	各类标识：女性安全回家的道路标记；垃圾排放红绿灯；扫把清洁指南		✓	
7	FF	安全设施：胡同消防局、灭火器、安全栏杆、危险缓冲平台；建筑物入口地面安装盲文块		✓	
8	OM	休息区、避难所、安心店外禁止停车		✓	

2.2.5 维护管理

1. 差异性分析

将表2-7和表2-13进行列表对比分析，得到中外维护管理详细内容的共同点和差异性（表2-23）。

从差异性分析可见，中外共同的要素详细内容17项，国外特有的详细内容14项，而中国为7项，中国的要素详细内容少于国外。进一步分类占比分析，维护管理部分：中外维护管理情况各分类占比是比较接近的。从分类来看：国外的设施类占42.9%，中国占28.6%；国外物理空间占14.3%，在中国占14.2%；国外的运营维护管理42.9%，中国57.1%（图2-6）。

中外维护管理比较　　　　　　　　　　表2-23

比较要素	分类	共同点	差异性	
			国外	中国
国外要素详细内容（表2-7）中国要素详细内容（表2-13）	• 设施物-FF	➢ 避免设施出现尖角，避免螺栓等暴露 ➢ 照明设备始终保持工作状态 ➢ 加强巡逻和设立防范哨所，管理任意停放和外来人员的车辆	➢ 维护废弃设施 ➢ 停车场维护 ➢ 设施维修电话 ➢ 人行道、墙壁和公共设施涂鸦清理 ➢ 邮箱非垂直规划 ➢ 爱犬信封箱	➢ 儿童游乐区水深和卫生 ➢ 非机动车车库安排安保
	• 物理空间-PS	➢ 旧房翻新、空置房屋和花园的拆除和建设，管理公共活动空间及无人使用的活动场地 ➢ 道路维护 ➢ 景观、建筑维护 ➢ 设备维护 ➢ 环境维护	➢ 区域环境整治 ➢ 荧光材料应用于燃气管道	➢ 整理居民乱搭建的建筑
	• 运营维护管理-OM	➢ 了解废旧房屋和乱搭建的违章建筑，维护无人看管的空间 ➢ 维护环境 ➢ 照明设备始终保持工作状态 ➢ 避免设施上出现尖角，以及螺栓等暴露 ➢ 设施维护，维修电话 ➢ 维护道路 ➢ 立面、围墙、门窗维护 ➢ 停车场维护 ➢ 加强巡逻	➢ 翻新闲置卫生间 ➢ 楼梯安全维护 ➢ 荧光材料应用于燃气管道 ➢ 以倾斜形式规划主入口邮箱，防止堆放垃圾 ➢ 爱犬信封箱 ➢ 非机动车管理	➢ 加强对业主委员会、物业管理 ➢ 安全教育，引导居民管理与维护社区 ➢ 分区域预防评估，制定管理办法 ➢ 儿童游乐区水深和卫生

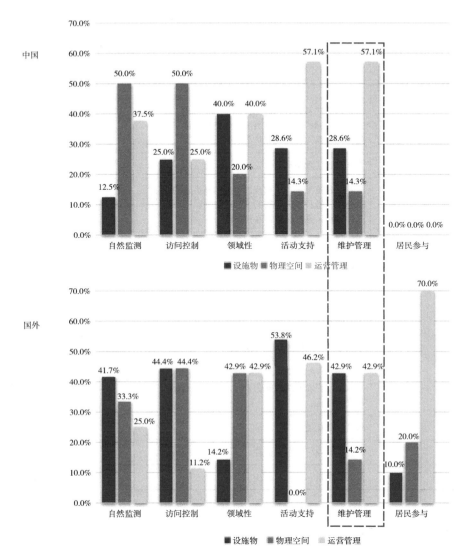

图 2-6 中外 CPTED 要素维护比较

以上分析可见，中国维护管理要素分类占比与国外无明显不同。具体内容来看，停车场、燃气管道、人行道墙壁和公共设施涂鸦清理、爱犬信封箱、楼梯、闲置卫生间这一类设施和物理空间的维护不足，需要加强。因此维护管理中详细内容分类大致适宜的比例：设施、物理空间和运营维护管理为 3：1：3。

2. 分析结果

将表 2-23 中外共同点和差异性内容相近的表述合并，内容相同的删除，得到维护管理 8 项详细内容，见表 2-24。

中外维护管理分析结果 表2-24

序号	分类	详细内容	共同点	差异性 外	差异性 中
1	FF、OM	设施维护：照明设备始终保持工作状态；损坏时维修的联系方式；避免设施上出现尖角、锐边，以及螺栓等暴露；废弃设施维护；停车场维护，加强巡逻和设立防范哨所	✓		
	OM	儿童游乐区水深和卫生			✓
2	PS、OM	景观、建筑维护：了解废旧房屋和乱搭建的违章建筑，维护无人看管的空间；立面、围墙、门窗维护；维护环境；维护道路	✓		
	PS、OM	翻新闲置卫生间；楼梯安全维护		✓	
	FF、PS	区域环境整治，人行道、墙壁和公共设施涂鸦清理		✓	
3	FF、OM	非机动车车库安排安保；管理任意停放和外来人员的车辆	✓		
4	OM	加强巡逻，进出人员、车辆登记	✓		
5	OM	加强对业主委员会、物业管理；分区域预防评估，制定管理办法；安全教育，引导居民管理与维护社区	✓		
6	FF	邮箱非垂直规划		✓	
7	OM	荧光材料应用于燃气管道		✓	
8	OM	爱犬信封箱		✓	

2.2.6 居民参与

1. 差异性分析

将表2-8和表2-14进行列表对比分析，得到中外居民参与详细内容的共同点和差异性（表2-25）。

中国论文仅有两篇研究，提及居民参与，但未展开叙述和研究，相比国外，我国研究非常有限（图2-7）。居民参与是第二代CPTED理论和城市再生强调的重点，其在社区政策决策或执行过程产生的影响力、维护管理、交流协作的重要性，是目前中国老旧小区再生未曾涉及的，仅停留在专家研究的理论层面。居民参与在中国CPTED研究存在缺失，也体现了中国CPTED理论体系的不完善。

中外居民参与比较　　　　　　　表2-25

要素比较	分类	共同点	差异性	
			国外	中国
国外要素详细内容（表2-8）中国要素详细内容（表2-14）	・设施物-FF	—	➢ 居民参与建设守护者之家、安心回家路、幸福村	—
	・物理空间-PS	—	➢ 居民参与守护之家，安心回家之路，幸福村 ➢ 参观、教育犯罪预防示范区	—
	・运营维护管理-OM	➢ 清洁活动，鼓励居民共同参与住区管理 ➢ 物业管理、业主委员会、居民多方沟通协作	➢ 除表2-8中7项外均为国外特有要素内容（共7项）	

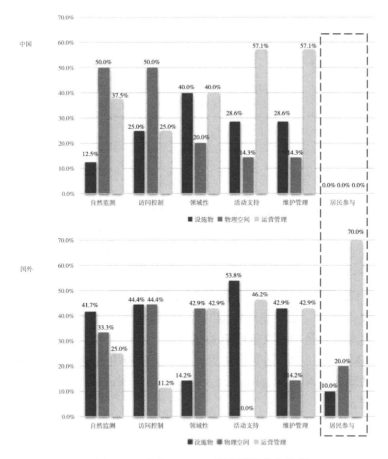

图2-7 中外CPTED要素居民参与比较

2. 分析结果

将表 2-25 中外共同点和差异性内容相近的表述合并，内容相同的删除，得到居民参与 4 项详细内容，见表 2-26。序号 4 为自然监视的重点研究内容。因此序号 1～3 将作为居民参与的重点研究内容。而有些文献在访问控制提出的守护者之家、安心回家路在其他要素重复提及，经过分析本研究将此措施分别列入领域性、自然监视的重点研究内容。

中外居民参与分析结果　　　　　表2-26

序号	要素	详细内容	共同点	差异性 外	差异性 中
1	OM	居民自主组织巡查队		✓	
		清洁活动，鼓励居民共同参与住区管理	✓		
2		促进居民之间交流建立共识		✓	
		物业管理、业主委员会、居民多方沟通协作	✓		
3	PS、OM	居民参观预防犯罪示范地区制定推广业务，开展教育活动		✓	
4	FF、PS、OM	居民参与建设守护者之家、安心回家路、幸福村、安心村管理组织		✓	

2.3 小结

大部分 CPTED 中国文献相关研究主要应用了自然监视、访问控制、领域性、活动支持、维护管理 5 个要素，居民参与要素被忽视。具体来看：

1. 随着 CPTED 理论的发展，国外文献中居民参与逐渐被重视，但在中国文献中只是形式上的提及，居民参与的实践案例是缺失的。

2. CPTED 要素内容，国外文献涉及的女性安心守护店、避免外立面突出物或设备外露、最小胡同宽度的控制、绘制壁画等居民活动，以及居民参与的要素内容是中国文献没有关注到的。

3. 设施物、物理空间、运营维护管理的分类分析中，自然监视、访问控制、领域性、活动支持和设施物的占比太少，物理空间占比太高，无法形成有效自然监视。

通过以上分析，建构了 CPTED 六要素理论框架（表 2-27）：自然监视 6 个（S-1～S-6），访问控制 4 个（C-1～C-4），领域性 5 个（T-1～T-5），活动支持 5 个（A-1～A-5），维护管理 5 个（M-1～M-5），居民参与 3 个

(P-1～P-3)，共28个详细内容。从分类来看：设施物10个，物理空间7个，运营维护管理11个。其中中外研究共同关注的CPTED标准20个，中国研究未关注的CPTED标准7个，中国特有的CPTED标准1个。在第三章的案例调查、第四章研究验证部分，将以此作为案例分析和问卷调查的分析框架。

CPTED要素理论框架　　　　　　　　　　表2-27

要素	分类	详细内容	共同点	差异外	差异中
S 自然监视	FF 设施物	S-1. 视频监控，语音识别警铃、安全铃、紧急电话	✓		
		S-2. 照度、照明连续性适宜，夜晚面部识别保证10m照亮，并避免眩光	✓		
		S-3. 小区中央布置各类活动设施，并确保使用。	✓		
	PS 物理空间	S-4. 不得有藏身的空间、设施、树木，灌木高度0.5m以下，避免蜿蜒景观道路产生视线盲区			✓
		S-5. 壁画、雕塑、墙体喷漆	✓		
	OM 运营维护管理	S-6. 女性安心守护店、安心便利店	✓		
C 访问控制	FF 设施物	C-1. 安装防盗、安全设施	✓		
		C-2. 门禁许可权认证系统：刷卡门禁、人脸识别、电梯身份认证、车辆通行装置	✓		
	PS 物理空间	C-3. 明确入口范围，区分居住者和外来者的停车场	✓		
	OM	C-4. 避免树木、建筑外立面突出物或设备外露，安装禁止通行标识		✓	
T 领域性	FF 设施物	T-1. 增加出入口、边界的领域标识，明确私人或公共领域	✓		
		T-2. 通过绿植、篱笆、栏杆及照明限定或强化空间的围合感，合理布局底层商业、公共休闲配套设施的围合	✓		
	PS 物理空间	T-3. 胡同宽不小于2m（地形限制不小于1.2m），宽度1.5m以下道路禁止种植行道树	✓		
		T-4. 用颜色、质感、材料、铺装、尺度区分不同区域	✓		
	OM 运营维护管理	T-5. 增加住区、学校、公交站路线的安全感	✓		
A 活动支持	FF 设施物	A-1. 座椅、花池、树木、建筑小品、小广场、花园休闲户外设施，在人迹罕至的地方设置康乐设施并对周边开放	✓		
		A-2. 新闻、通信公告栏、电线杆公告栏、安全宣传栏；各类地图	✓		

续表

要素	分类	详细内容	共同点	差异 外	差异 中
A 活动支持	PS 物理空间	A-3. 棋牌室、阅览室、书画室、乒乓球室、老人活动室；村媒体，图书馆，阅读室	√		
	OM 运营维护管理	A-4. 经营咖啡馆、餐厅、便利店、洗衣房	√		
		A-5. 绘制壁画等增加居民活动，并保护壁画		√	
M 维护管理	FF 设施物	M-1. 维护活动设施、休闲设施、设备系统	√		
	PS 物理空间	M-2. 维护景观：不遮挡门窗等；维护建筑：正常使用、乱搭建和荒废的建筑；环境维护	√		
	OM 运营维护管理	M-3. 控制访客的进入，登记进出小区人员、车辆；巡逻安保	√		
		M-4. 管理任意停放的车辆和外来人员的车辆，非机动车车库安排专人看管	√		
		M-5. 加强对业主委员会、居委会、物业管理，对社区居民进行安全教育	√		
P 居民参与	OM 运营维护管理	P-1. 居民自助组织，参与住区管理		√	
		P-2. 促进居民交流；物业管理、业主委员会、居民多方沟通协作		√	
		P-3. 官民开展犯罪预防和安全教育等活动		√	

第三章 老旧小区再生案例研究

3.1 分析概要

3.1.1 分析框架

以表 2-27 为研究基础，导出研究框架见表 3-1。

在 2021 年 1～2 月对目标区域进行了实地调查，通过观察、测量、地图和居民调查法收集了案例调查地区的数据，初步验证了研究框架的可行性。在调查方法方面，自然监视、访问控制、领域性、活动支持的全部内容以及维护管理（M-1～M-4）部分，以现场调查为主，维护管理（M-5）和居民参与数据通过居民调查获取。

研究框架　　　　　　　　　表3-1

分类	自然监视S	访问控制C	领域性T	活动支持A	维护管理M	居民参与P
设施物FF	S-1.视频监控，语音识别警铃、安全铃、紧急电话 S-2.照度、照明连续性适宜，夜晚底部识别保证10m照亮，并避免眩光 S-3.小区中央布置各类活动设施，并确保使用	C-1.安装防盗、安全设施 C-2.门禁许可权认证系统：刷卡门禁、人脸识别、电梯身份认证、车辆通行装置	T-1.增加出入口、边界的领域标识，明确私人或公共领域 T-2.通过绿植、篱笆、栏杆及照明限定或强化空间的围合感，合理布局底层商业、公共休闲配套设施的围合	A-1.座椅、花池、树木、建筑小品、小广场、花园休闲户外设施，在人迹罕至的地方设置康乐设施并对周边开放 A-2.新闻、通信公告栏、电线杆公告栏、安全宣传栏；各类地图	M-1.维护活动设施、休闲设施、设备系统	
物理空间PS	S-4.不得有藏身的空间、设施、树木，灌木高度0.5m以下，避免蜿蜒景观道路产生视线盲区 S-5.壁画、雕塑、墙体喷漆	C-3.明确入口范围，区分居住者和外来者的停车场	T-3.胡同宽不小于2m（地形限制不小于1.2m），宽度1.5m以下道路禁止种植行道树 T-4.用颜色、质感、材料、铺装、尺度区分不同区域	A-3.棋牌室、阅览室、书画室、乒乓球室、老人活动室、村媒体、图书馆、阅读室	M-2.维护景观：不遮挡门窗等；维护建筑：正常使用、乱搭建和荒废的建筑；环境维护	

续表

分类	自然监视S	访问控制C	领域性T	活动支持A	维护管理M	居民参与P
运营维护管理OM	S-6.女性安心守护店、安心便利店	C-4.避免树木、建筑外立面突出物或设备外露，安装禁止通行标识	T-5.增加住区、学校、公交站路线的安全感	A-4.用颜色、质感、材料、铺装、尺度区分不同区域 A-5.绘制壁画等增加居民活动，并保护壁画	M-3.控制访客的进入，登记进出小区人员、车辆；巡逻安保 M-4.管理任意停放的车辆和外来人员的车辆，非机动车车库安排专人看管 M-5.加强对业主委员会、居委会、物业管理，对社区居民进行安全教育	P-1.居民自助组织，参与住区管理 P-2.促进居民交流；物业管理、业主委员会、居民多方沟通协作 P-3.官民开展犯罪预防和安全教育等活动

3.1.2 案例地区

广州、深圳为中国4大城市中除北京、上海外的2大城市，粤港澳大湾区核心城市、城市再生工作的先行者，城市再生正如火如荼地进行中。通过前期调研和现场走访，本研究选取广州共和村、永庆坊，深圳大芬村、沙井村，2个犯罪高发城市的4个老旧小区为案例调查对象，分析其城市再生现状和CPTED运用情况，为研究以上内容进行了调研，见表3-2。

案例概述 **表3-2**

<table>
<tr><td colspan="2">1</td><td colspan="6">广州-共和村</td></tr>
<tr><td colspan="2">位置</td><td>越秀区共和大街</td><td>人口</td><td>2240户，现居万余人</td><td>面积</td><td colspan="2">建筑面积14万m²</td></tr>
<tr><td rowspan="2">特征</td><td>一般特征</td><td colspan="6">·70年代在空地规划了原铁路局职工宿舍，黄皮楼
·小区临近地铁口
·村里的公路网呈井字形，东西向有七条胡同，南北向有两条路
·而正门外的共和街沿街商业繁荣，低层商业街存在噪声污染、油烟污染等问题</td></tr>
<tr><td>犯罪问题</td><td colspan="6">·居民楼外立面老化破损严重，电线乱缠在外墙上，存在消防安全隐患问题
·设施、设备陈旧，物业维护管理不足
·可供室外活动的设施很少，难以形成居民自然监视
·室内活动场所少，缺少居民间的交流
·由于物业对车辆管理不足，车辆乱停放，尤其是外来车辆进驻小区霸占停车位现象尤其严重。晚上人迹罕至
·无24小时安心守护室</td></tr>
</table>

续表

照片和平面图					
2			广州-永庆坊		
位置	荔湾区恩宁路	人口	32581人	面积	总面积约10万m²，更新面积7800m²
特征	一般特征	・作为广州首个进行旧城部分改造的项目，与广州粤剧博物馆共享绿地 ・政府、企业、居民携手推进"修旧如旧"的部分改造，既保留好历史建筑，又实现多元复合文创 ・历史文化街区，特色民宿云集，有文化体验店等 ・小区内部连着主路和内街小巷，形成了"一横一竖"的井字形步行网络 ・保留原住民，居住区、商业区及活动区融为一体			
	犯罪问题	・民居二层历史建筑严重受损，带来管理问题 ・无安全栏杆，有高空坠物及攀爬闯入室内的危险 ・非机动车辆林立，车辆维护不足			
照片和平面图					
3			深圳-大芬村		
位置	龙岗区大芬街道	人口	约3万人	面积	40万m²
特征	一般特征	・城中村，自然村落发展为高仿村落和油画村落 ・大部分居民为外来流动人口 ・大芬村位于城市边缘地带，建筑密度高			
	犯罪问题	・外来流动人口居多，地处城市边缘，建筑密度高，不利于管理 ・废弃物处理不及时，造成环境问题 ・堆砌的画材和废料，存在攀爬入室的隐患			
照片和平面图					

续表

4			深圳-沙井村				
位置			宝安区沙井街道	人口	户籍人口3.3万人	面积	占地面积约26万m²
特征	一般特征		• 深圳现存最大的混合型历史街区				
	犯罪问题		• 外来流动人口居多，街道狭窄，建筑密度高，夜路存在安全隐患 • 胡同里夜间照明不足 • 住宅安全门和窗户破旧生锈，楼道门没有门禁系统 • 非机动车辆乱象丛生，无法统一管理 • 没有24小时安心守护室				
照片和平面图							

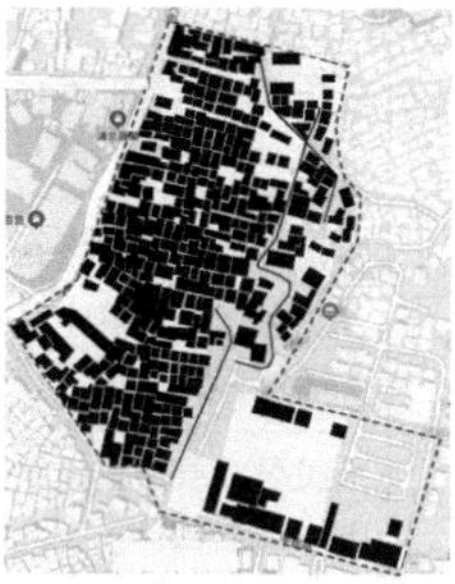

4个案例地区整体特征：老城区或城中村，有30~70年历史的老建筑；建筑密度大，存在过多狭窄黑暗的小巷子；人口流动性大，外来人口数量远超原住民；小区开放式管理，外来者均可进入；区域内皆商住结合或底层商业，存在管理隐患；设施陈旧且疏于维护管理，电线在外墙上凌乱地交织盘绕，存在消防安全隐患，植物和外立面突出存在攀爬入室风险；供居民使用的活动设施和室内活动空间数量少；缺少独立的停车场规划；废弃物和垃圾处理不及时，易产生破窗效应。

3.2 广州案例研究

3.2.1 共和村

1. 区域概况

共和村位于广州越秀区共和大街，建于20世纪80年代前后，原广州铁路局职工宿舍，距今已40多年，建筑面积14余万平方米，容积率1.2；层高共6层，共约1897户；无电梯，无停车场，有地上车位约100个，如图3-1所示。

共和村，名字源于民国时期在此地的共和墟，改革开放后重建为现在的"黄皮楼"。共和村毗邻内环路两条主要干道，北接中山一路，南邻寺右新马路，西至达道路，东面则是沙河涌。与广州 CBD 咫尺相望，该地寸土寸金。杨箕地铁站步行 300m 可到达共和大街，北侧为铁路第一小学。村内路网呈井字分布，东西共七巷，南北两条路。建筑密度过高，且房龄久，漏水、断电问题时有发生，楼梯通道破旧，一楼住户占用公共空间非法加盖违章建筑。建筑外立面已经老旧破败，外墙及安全设施有坠落风险，电线在外墙上凌乱交织盘绕，存在消防安全隐患。正门外的共和大街沿街立面商业繁华，底层商铺产生噪声污染、油烟污染等问题。房屋多出租给外来流动人口，租客流动频繁。街道垃圾并未完全按政府要求统一放置，有些垃圾长期摆放在居民楼下，未及时清运。2016 年，广铁集团向市政府建议将共和村铁路大板房地段纳入广州市"三旧"改造总体规划，直至 2020 年 8 月，越秀区政府会议研究共和片区更新改造，同意开展可行性研究和方案策划工作。

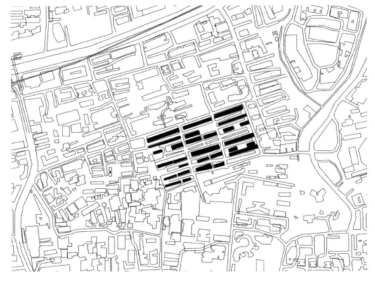

图 3-1 共和村平面

2. 现状分析

按照地理位置对共和村平面进行区域编号，以最主要的 3 条路为基础，共划分 3 个区域，最长区域 262m，最短 257m。对表 3-3 编号区域进行表 3-1 分析框架的逐一区域调查。

（1）自然监视

共和村内自然监视情况，见表 3-4；调查内容涉及案例分析框架（表 3-1）自然监视（S）的 6 个详细内容。CPTED 要素详细内容现状通过"●"良好、"◐"一般、"○"不良，三个等级进行评价。

共和村调查	表3-3

区域地图

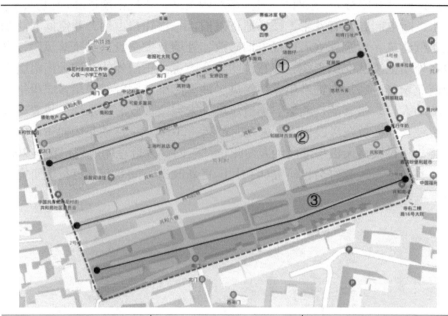

道路名	区域号码	道路形态
共和一巷	①	直线
共和四巷	②	直线
共和六巷	③	直线

共和村自然监视调查	表3-4

设施物-FF

S-1	视频监控，语音识别警铃、安全铃、紧急电话

①居民楼监控无死角　　②主街公安系统监控范围达1km

整体现状	①区域	②区域	③区域
●	●	●	◐

70

续表

- 共和村全区监控设施现状良好
- 简单的平面规划,进一步保证了闭路电视的有效监控
- 在全区域的72个监控摄像头中,村里的主路公安系统安装了2个监控摄像头,可监控范围为1km
- 在南部围墙区域,有阴影的胡同没有监控录像

| S-2 | 照度、照明连续性适宜,夜晚面部识别保证10m照亮,并避免眩光 |

②居民楼入口均有安全灯　　①路灯和店铺照明充足

整体现状	①区域	②区域	③区域
●	●	●	●

- 区域内照明充足,每个单元门入口都有安全灯照明

| S-3 | 小区中央布置各类活动设施,并确保使用 |

③小型景观休闲区　　③简易康乐设施

整体现状	①区域	②区域	③区域
◐	◐	◐	●

- 各区域内活动设施数量不足
- ①区域有居民自发打造的休憩空间
- ②区域有小型园林及休憩空间
- ③区域有运动设施,无休憩空间

物理空间- PS

| S-4 | 不得有藏身的空间、设施、树木,灌木高度0.5m以下,避免蜿蜒景观道路产生视线盲区 |

②花坛遮挡视线　　③窄巷里的乱搭建,易形成视线盲区

71

续表

整体现状	①区域	②区域	③区域
◐	◐	◐	◐

- 建筑都可以通过开窗实现自然监视
- ①区域存在无序停车问题
- ②区域居民楼一层违章建私人花坛，挡住了人们的视线，监视范围变小，并影响美观
- ③区域胡同昏暗，易出现视线死角

S-5	壁画、雕塑、墙体喷漆

●墙面色彩
①沿街一楼墙壁大面积高明度色彩　③儿童机构色彩墙壁

整体现状	①区域	②区域	③区域
○	○	○	○

- 建筑立面上有涂鸦
- 公共空间缺少壁画、雕塑等公共艺术

运营维护管理- OM	
S-6	女性安心守护店、安心便利店
整体现状	○

- 无24小时便利店

（2）访问控制

共和村内访问控制情况，见表3-5：调查内容涉及案例分析框架（表3-1）访问控制（C）部分。CPTED要素详细内容现状通过"●"良好、"◐"一般、"○"不良，三个等级进行评价。

共和村访问控制调查　　　　表3-5

设施物-FF	
C-1	安装防盗、安全设施

●安全设施
①居民楼有防盗门窗　③南部小巷无防盗设施

续表

整体现状	① 区域	② 区域	③ 区域
◐	●	●	○

- ①区域，每个小区门口都有防盗门
- ②区域，一、二楼有防盗窗
- ③区域的胡同里只有入口的简易门，安全设施不尽如人意

C-2	门禁许可权认证系统：刷卡门禁、人脸识别、电梯身份认证、车辆通行装置

①出入口1、2有车辆通行阻断装置　③所有入口都有出入控制装置

整体现状	① 区域	② 区域	③ 区域
◐	●	◐	◐

- 所有区域都有出入管制装置，出入口1、2都有车辆通行阻断装置

物理空间-PS

C-3	明确入口范围，区分居住者和外来者的停车场

③南部非机动车出入口　②西部非机动车出入口

整体现状	① 区域	② 区域	③ 区域
◐	◐	◐	◐

- 车行、步行出入口各2个，②区域步行出入口位置偏僻，道路狭窄，周边环境复杂
- 小区有门禁，但仅为来往车辆登记，无访客登记，外来人员均可自由进出，为安全防范增加难度

运营维护管理-OM

C-4	避免树木、建筑外立面突出物或设备外露，安装禁止通行标识

①植物的生长方向带来攀爬入室风险　③裸露的排水管和空调管道易于攀登

73

续表

整体现状	① 区域	② 区域	③ 区域
◐	◐	◐	○

- ①、③区域有建筑外露的排水管和空调管，存在犯罪风险。
- ②区域建筑旁的树木和建筑外立面排水管，存在攀爬入室的风险

(3) 领域性

共和村内领域性情况，见表3-6；调查内容涉及案例分析框架（表3-1）领域性（T）部分。CPTED要素详细内容现状通过"●"良好、"◐"一般、"○"不良，三个等级进行评价。

共和村领域性调查　　　　　　　　　　　表3-6

设施物-FF	
T-1	增加出入口、边界的领域标识，明确私人或公共领域

整体现状	① 区域	② 区域	③ 区域
◐	◐	◐	◐

- ①区域宅前公共空间被居民用于私人停车，将宅前公共区域私有化，减少了邻里活动空间从而降低自然监视
- ②区域宅前公共空间被居民用绿植围合或者直接建成私人花园，公共空间缺少物业方监管
- ③区域存在擅自乱搭建的违法建筑

T-2	通过绿植、篱笆、栏杆及照明限定或强化空间的围合感，合理布局底层商业、公共休闲配套设施的围合

续表

整体现状	①区域	②区域	③区域
●	●	●	◐

- ①、②、③区域分别通过商业设施、栏杆和围墙,以及一些高差形成边界或象征性边界,增强领域性

物理空间-PS

T-3	胡同宽不小于2m（地形限制不小于1.2m），宽度1.5m以下道路禁止种植行道树

整体现状	①区域	②区域	③区域
◐	●	●	○

- ①区域街巷宽度合理,无窄巷
- ②区域楼间距合理
- ③区域南侧小巷宽度不足2m,狭窄且难以监控,存在安全及环境卫生问题

T-4	用颜色、质感、材料、铺装、尺度区分不同区域

整体现状	①区域	②区域	③区域
◐	●	◐	◐

- ①区域通过建筑入口处的立面颜色来区分小区及外部空间
- ②区域通过小区地面的铺装材料划分公共和私人区域
- ③区域通过铺装地面材质划分功能空间

续表

运营维护管理-OM		
T-5	增加住区、学校、公交站路线的安全感	

		1km内的地铁站
整体现状		●
• 1km内有公交车站和地铁站，公共交通便捷，沿途路段繁华		

（4）活动支持

共和村内活动支持情况，见表3-7：调查内容涉及案例分析框架（表3-1）活动支持（A）部分。CPTED要素详细内容现状通过"●"良好、"◐"一般、"○"不良，三个等级进行评价。

共和村活动支持调查　　　　　　　　　表3-7

设施物-FF			
A-1	座椅、花池、树木、建筑小品、小广场、花园休闲户外设施，在人迹罕至的地方设置康乐设施并对周边开放		

②小型供内部居民使用的球场　　　③简易康乐设施			
整体现状	①区域	②区域	③区域
◐	○	◐	●
• ②、③区域内活动空间不足，仅有一处康乐设施、一个小型球场以及一块小型绿地有亭子等设施			
• ①区域有居民用废弃家具自发建成的休息区，体现居民参与			
• 社区边界及人迹稀少地区无活动设施			

续表

A-2	新闻、通信公告栏、电线杆公告栏、安全宣传栏；各类地图

整体现状	① 区域	② 区域	③ 区域
●	●	●	●

- ①、②、③区域均有公告栏，宣传安全、卫生及新闻。有政府信息和招工信息

物理空间-PS

A-3	棋牌室、阅览室、书画室、乒乓球室、老人活动室；村媒体，图书馆、阅读室

- 一楼有儿童看护所、教育机构，并绘制彩色外墙，无其他室内活动空间

运营维护管理-OM

A-4	经营咖啡馆、餐厅、便利店、洗衣房

整体现状	① 区域	② 区域	③ 区域
●	●	●	●

- ①区域沿街，②、③区域外围经营各类商业

A-5	绘制壁画等增加居民活动，并保护壁画
整体现状	○

- 无居民绘制壁画等公共艺术活动

(5) 维护管理

共和村内维护管理情况，见表3-8；调查内容涉及案例分析框架（表3-1）维护管理（M-1~M-4）部分。CPTED要素详细内容现状通过"●"良好、"◐"一般、"○"不良，三个等级进行评价。

共和村维护管理调查　　　　　表3-8

设施物-FF			
M-1	维护活动设施、休闲设施、设备系统		

①损坏的路灯未及时维护　　②未经修缮的座椅

整体现状	① 区域	② 区域	③ 区域
◐	○	◐	◐

- ①区域市政管理滞后，主干道共和大街的一处路灯损坏，未能够及时维修
- ②区域未经修缮的损坏的座椅
- ③区域地面斑驳，年久失修

物理空间-PS			
M-2	维护景观：不遮挡门窗等；维护建筑：正常使用、乱搭建和荒废的建筑；环境维护		

①植物疏于修剪遮挡民居采光和视线　　②垃圾随意堆放，易形成破窗效应

整体现状	① 区域	② 区域	③ 区域
○	○	◐	○

- ①区域存在损坏路灯未修缮、植物未修剪、建筑立面斑驳的情况
- ②区域存在损坏设施不及时维修或维修过于粗糙，有碍交通的问题
- ③区域存在植物未修剪，垃圾随处堆放的问题

运营维护管理-OM	
M-3	控制访客的进入，登记进出小区人员、车辆；巡逻安保

①出入口　　②出入口

续表

整体现状	① 区域	② 区域	③ 区域
◐	◐	○	○

- 由于空间限制等问题，无整体规划停车区，车辆任意停放于宅前，无有效机动车管理
- ①区域车行出入口1、2有车辆登记

M-4	管理任意停放的车辆和外来人员的车辆，非机动车车库安排专人看管

整体现状	① 区域	② 区域	③ 区域
◐	◐	○	◐

- 由于空间使用受限等问题，停车位紧张，随意停放在家门口，管理效率低下
- ①区域主路上无车辆停放
- ②区域因无序停放，存在交通扰民问题，易形成盲区
- ③区域步行区和活动空间车辆乱停乱放

3. 调查结果

（1）自然监视

S-1（视频监控及报警设备）共和村①、②以及③大部分区域视频监控设施完善。全区域72个视频监控，其中，村里主路公安系统安装2个视频监控，可达1km成像。③南部围墙区域有荫庇的小巷，无视频监控。

S-2（照度、照明连续性）区域内照明充足，每个单元门入口都有安全灯照明。

S-3（布置各类活动设施）区域内活动设施不足，仅有东部③的康乐设施，②小型休憩空间，以及①自发建设的简易休息区，西部无休闲设施，无法形成良好自然监视。

S-4（无可藏身空间及视线盲区）建筑均沿街开窗，形成自然监视。①、②一楼居民楼前的绿植、乱停放的车辆遮挡视线，降低监视性，也存在美观问题。

S-5（壁画、雕塑、墙体喷漆）建筑立面喷绘涂鸦，作为空间的指引，无壁画和雕塑一类的公共艺术形成公共空间。

S-6（女性安心守护店）无24小时安心店。

（2）访问控制

C-1（防盗、安全设施）每栋居民楼入口皆有防盗门，一、二楼有防盗窗。但南部可通往外界的小巷仅有简易门，无良好的安全措施。

C-2（门禁许可权认证系统）出入口1、2有车辆通行装置，①、②、③居民楼均有门禁。

C-3（明确入口，有访客独立停车场）区域有2个可供车行、2个供步行的出入口，步行出入口位置偏僻且道路狭窄、周边环境复杂。小区有门禁，但仅为来往车辆登记，无访客登记，外来人员均可自由进出，为安全防范增加难度。

C-4（避免突出物外露，禁止通行标识）建筑外立面裸露的排水管道和空调管，②生长的乔木，①、③排水管存在攀爬的可能，以上存在安全隐患。

（3）领域性

T-1（增加领域标识，明确私人领域）①宅前公共空间被居民用于私人停车，将宅前公共区域私有化，②宅前公共空间被居民用绿植围合或者直接建成私人花园，公共空间缺少物业方监管。

T-2（合理布局商业、公共设施）①、②、③分别通过商业设施、栏杆和围墙，以及一些高差形成边界或象征性边界，增强领域性。

T-3（胡同宽度≥2m）仅有③南部小巷宽小于2m，不利于监视，也存在采光和环境卫生问题。

T-4（颜色、材质、铺装、尺度区分区域）①、③入口处黄色的立面界定小区和外部空间，小区内地面不同材质、色彩的铺装标明了公共和私人领域。

T-5（住区、学校、公交站路线的安全感）1 km内有公交车站和地铁站，公共交通便捷，沿途路段繁华。

（4）活动支持

A-1（户外设施及开放性）区域内活动空间不足，仅有一处康乐设施、一个小型球场以及一块小型绿地有亭子等设施，均集中在②、③。①有居民用废弃家具自发建成的休息区，体现居民参与。

A-2（公告栏、宣传栏；各类地图）①、②、③均有公告栏宣传安全、卫生及新闻。有政府信息和招工信息。

A-3（各年龄段的室内活动室）一楼有儿童看护所、教育机构，并绘制彩色外墙，无其他室内活动空间。

A-4（咖啡馆、餐厅、便利店、洗衣房）①沿街，②、③外围经营各类商业。

A-5（增加居民活动）无居民绘制壁画等公共艺术活动。

(5）维护管理

M-1（活动、休闲设施、设备系统维护）市政管理滞后，①主干道共和大街的一处路灯损坏，未能够及时维修。②未经修缮的损坏的座椅。③地面斑驳，年久失修。

M-2（景观、建筑、环境维护）①存在损坏路灯未修理、植物未修剪、建筑立面斑驳的情况。②存在损坏设施不及时维修或维修过于粗糙，有碍交通的问题。③存在植物未修剪，垃圾随处堆放的问题。

M-3（来访人员、车辆登记，巡逻安保）由于空间限制等问题，无整体规划停车区，车辆任意停放于宅前，无有效机动车管理。

M-4（非机动车、机动车管理）居民服务中心为居民提供了出租房等生活信息。

(6）整体情况

将以上5个表的调查结果用表格形式进行比较分析（表3-9），得到村落整体情况：

自然监视的设施S-1（视频监控及报警设备）、S-2（照度、照明连续性）很完善，S-3（布置各类活动设施）一般完善；物理空间S-4（无可藏身空间及视线盲区）一般完善，S-5（壁画、雕塑、墙体喷漆）不完善；运营维护管理S-6（女性安心守护店）不完善。设施好于物理空间好于运营维护管理。

访问控制的三个分类均为一般完善。

领域性的设施T-1（增加领域标识，明确私人领域）一般完善，T-2（合理布局商业、公共设施）很完善；物理空间T-3（胡同宽度（≥2m））一般完善，T-4（颜色、材质、铺装、尺度区分区域）一般完善；运营维护管理T-5（住区、学校、公交站路线的安全感）很完善。运营维护管理好于设施和物理空间。

活动支持的设施A-1（户外设施及开放性）一般完善，A-2（公告栏、宣传栏；各类地图）很完善；物理空间A-3（各年龄段的室内活动室）一般完善；运营维护管理A-4（咖啡馆、餐厅、便利店、洗衣房）很完善；A-5（增加居民活动）不完善。设施好于运营维护管理好于物理空间。

维护管理的设施M-1（活动、休闲设施、设备系统维护）一般完善；物理空间M-2（景观、建筑、环境维护）不完善；运营维护管理M-3（来访人员、车辆登记，巡逻安保）和M-4（非机动车、机动车管理）一般完善。整体都一般完善。

共和村分类路段比较分析　　　　表3-9

要素	分类		详细内容	①区域	②区域	③区域	整体情况
自然监视-S	F	S-1	视频监控及报警设备	●	●	◐	●
		S-2	照度、照明连续性	●	●	●	●
	PS	S-3	布置各类活动设施	◐	◐	●	◐
		S-4	无可藏身空间及视线盲区	◐	◐	◐	◐
		S-5	壁画、雕塑、墙体喷漆	○	○	○	○
	OM	S-6	女性安心守护店	○	○	○	○
访问控制-C	F	C-1	防盗、安全设施	●	●	●	●
		C-2	门禁许可权认证系统	●	●	●	●
	PS	C-3	明确入口，有访客独立停车场	◐	◐	◐	◐
	OM	C-4	避免突出物外露，禁止通行标识	◐	◐	◐	◐
区域性-T	F	T-1	增加领域标识，明确私人领域	◐	◐	◐	◐
		T-2	合理布局商业、公共设施	●	●	●	●
	PS	T-3	胡同宽度（≥2m）	●	●	○	◐
		T-4	颜色、材质、铺装、尺度区分区域	●	◐	◐	◐
	OM	T-5	住区、学校、公交站路线的安全感	●	●	●	●
活动支持-A	F	A-1	户外设施及开放性	○	◐	◐	◐
		A-2	公告栏、宣传栏；各类地图	●	●	●	●
	PS	A-3	各年龄段的室内活动室	○	○	○	○
	OM	A-4	咖啡馆、餐厅、便利店、洗衣房	●	●	●	●
		A-5	增加居民活动	○	○	○	○
维护管理-M	F	M-1	活动、休闲设施、设备系统维护	○	◐	◐	◐
	PS	M-2	景观、建筑、环境维护	○	◐	◐	◐
	OM	M-3	来访人员、车辆登记，巡逻安保	◐	◐	◐	◐
		M-4	非机动车、机动车管理	◐	◐	◐	◐

"●"良好　"◐"一般　"○"不良

3.2.2 永庆坊

1. 区域概况

广州永庆坊位于荔湾区历史街区恩宁路，永庆坊位于广州市最美骑楼街荔湾区恩宁路，东连上下九地标商业街，南衔沙面，是极具广州都市人文底蕴的西关旧址地域。园区内建筑最早建于晚清。2015年开始城市设计和单体改造，更新建筑面积7800m^2。政府、企业与居民联手，通过"修旧如旧"的微改造探索，妥善保育历史建筑，注入多元复合文创业态。在保存传统岭南建筑空间肌理的前提下，对部分建筑适当拆除和原址重建恢复，获得入口空间和尺度适宜的步行通道，如图3-2所示。

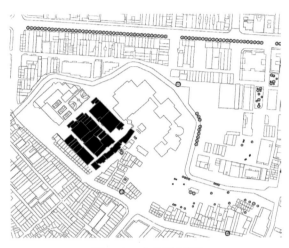

图3-2 永庆坊平面

园区内部由串联起来的主街和内街小巷形成"两横两竖"的井字形步行网络。保留原住民，居住区、商业区及活动区融合在一起。一楼有商户也有居民住户，业态多以经营创意产品为主，进驻设计工作室、艺术品商店、书店等商业文化设施；区域内为步行空间无停车场；中心活动广场上的大阶梯可以令行人驻足、休憩；园区有一个主入口以及一个出口。出口通向东部广州粤剧博物馆，连通了两个景点，与博物馆共享绿地；有万科塾等历史建筑，并在此举办公共活动；一巷建有李小龙名人故居，名人故居的特色建筑及影响力带动了观光旅游业。利用部分已动迁收回的建筑，配建公厕等重要公共服务设施。附近地铁、公共交通设施齐全。

2.现状分析

按照地理位置进行区域编号，以最主要的3条路为基础，共划分为3个区域，最长区域87m，最短68m。对表3-10编号区域进行表3-1案例调查框架内容调查。

（1）自然监视

永庆坊内自然监视情况，见表3-11：调查内容涉及案例分析框架（表3-1）自然监视（S）部分。CPTED要素详细内容现状通过"●"良好、"◐"一般、"○"不良，三个等级进行评价。

永庆坊街巷调查　　　　　表3-10

区域地图

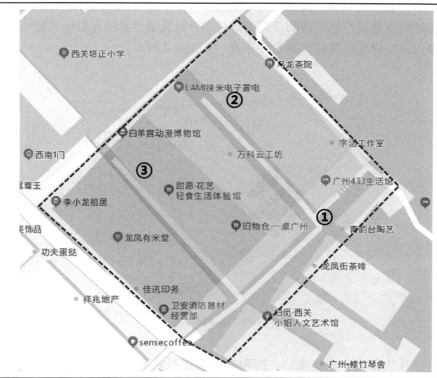

道路名	区域号码	道路形态
永庆大街	①	直线
永庆二巷	②	直线
永庆一巷	③	直线

永庆坊自然监视调查　　　　　表3-11

设施物-FF

S-1	视频监控，语音识别警铃、安全铃、紧急电话

续表

整体现状	①区域	②区域	③区域
●	●	●	●

- 平面的简单布置进一步加强了闭路电视的有效监控
- 从监控设备安装情况来看，主入口和①区域的监控设备设施齐全，②、③区域的监控设备几乎可以实现全程安保
- 胡同内和公共区域也安装了监控探头。在永庆坊出入口主要节点，治安系统监控摄像头安保范围可达1km，监控摄像头安保范围可达100m

S-2	照度、照明连续性适宜，夜晚面部识别保证10m照亮，并避免眩光

①区域照明连续线性强　　　　　　③路灯和店铺辅助照明充足

整体现状	①区域	②区域	③区域
●	●	●	●

- ①区域永庆大街照明充足，地上线性照明连续性强
- ②、③区域一楼为商业店铺，店铺灯光补充了该区域的照明

S-3	小区中央布置各类活动设施，并确保使用

①中心广场大阶梯供休憩和举办活动使用　　　　②北侧有粤剧博物馆

整体现状	①区域	②区域	③区域
●	●	●	●

- ①区域中心广场设有大阶梯、水景，行人可以驻足休息，增加了自然监视
- ③区域李小龙故居有屋顶花园，俯瞰永庆坊，增加了不同视角的自然监视

物理空间- PS

S-4	不得有藏身的空间、设施、树木，灌木高度0.5m以下，避免蜿蜒景观道路产生视线盲区

续表

③晾晒的衣服遮挡视线　②夜晚凹凸外立面不能一览无余，容易产生视线盲区

整体现状	① 区域	② 区域	③ 区域
●	●	●	◐

- 三个街道均为步行街，无停车问题遮挡视线
- ②、③区域生活和商业街道共生，晒在外面的居民衣服干扰了视线，容易造成监控死角，影响环境美观。②区域凹凸外立面遮挡视线
- 空间肌理密集，少有乔木、灌木，行道树由盆栽绿植代替

S-5	壁画、雕塑、墙体喷漆

①店铺外立面艺术品　②墙面壁画

整体现状	① 区域	② 区域	③ 区域
●	●	●	●

- ① 区域建筑外墙的艺术作品令游人驻足观看，增加自然监视
- ② 区域建筑外部有雕塑
- ③ 区域街道墙面有壁画

运营维护管理- OM

S-6	女性安心守护店、安心便利店

24小时无人智慧便利店

续表

整体现状	①区域	②区域	③区域
◐	●	○	○

- 24小时无人智慧便利店，一定程度增加了夜晚活动，令夜晚独行女性感到安全

(2) 访问控制

永庆坊内访问控制情况，见表 3-12；调查内容涉及案例分析框架（表 3-1）访问控制（C）部分。CPTED 要素详细内容现状通过"●"良好、"◐"一般、"○"不良，三个等级进行评价。

永庆坊访问控制调查　　　　　表3-12

设施物-FF				
C-1	安装防盗、安全设施			

①设计装饰解决安全问题　②③简易防盗门或无防盗设施，存在安全问题

整体现状	①区域	②区域	③区域
◐	●	◐	◐

- ①区域二楼以上通过立面美化，解决了安全防护问题
- ②、③区域民居一楼简易防盗门，二楼阳台无防盗设施，增加攀爬入室风险

C-2	门禁许可权认证系统：刷卡门禁、人脸识别、电梯身份认证、车辆通行装置			
整体现状	①区域	②区域	③区域	
◐	◐	◐	◐	

- 一楼简易防盗门，二楼以上无防盗设施，区域无车辆进入

物理空间-PS	
C-3	明确入口范围，区分居住者和外来者的停车场

续表

整体现状	◐

- 区域有两个出入口，面向恩宁路为主入口通向粤剧博物馆，内部均为步行街。无门禁，游客无来访登记，为安全防范增加了难度

运营维护管理-OM

C-4	避免树木、建筑外立面突出物或设备外露，安装禁止通行标识

整体现状	①区域	②区域	③区域
◐	●	◐	◐

- 区域内部分建筑的排水管、空调管裸露，民居二楼无防盗设施的开放式阳台存在安全隐患

(3) 领域性

永庆坊内领域性情况，见表3-13：调查内容涉及案例分析框架（表3-1）领域性（T）部分。CPTED要素详细内容现状通过"●"良好、"◐"一般、"○"不良，三个等级进行评价。

(4) 活动支持

永庆坊内活动支持情况，见表3-14：调查内容涉及案例分析框架（表3-1）活动支持（A）部分。CPTED要素详细内容现状通过"●"良好、"◐"一般、"○"不良，三个等级进行评价。

永庆坊领域性调查		表3-13

设施物-FF

T-1	增加出入口、边界的领域标识，明确私人或公共领域

①入口空间标明领域性　　③导视系统完善

整体现状	① 区域	② 区域	③ 区域
●	●	●	●

- ①区域入口通过立面及建筑本身的韵律形成围墙边界
- ②、③区域导视系统完善，领域性强

T-2	通过绿植、篱笆、栏杆及照明限定或强化空间的围合感，合理布局底层商业、公共休闲配套设施围合

①灯光明确领域性　　③门牌明确领域性

整体现状	① 区域	② 区域	③ 区域
◐	●	◐	◐

- 区域通过灯光、绿植和栏杆明确领域性

物理空间-PS

T-3	胡同宽不小于2m（地形限制不小于1.2m），宽度1.5m以下道路禁止种植行道树

整体现状	① 区域	② 区域	③ 区域
●	●	●	●

- 永庆坊地形简单，不存在胡同，因此满足胡同宽不小于2m

T-4	用颜色、质感、材料、铺装、尺度区分不同区域

续表

③景观区分区域　②通过不同铺装区分区域

整体现状	① 区域	② 区域	③ 区域
●	●	●	●

- 区域内通过高差、植物、水景等区分了公共和私人领域

运营维护管理-OM

T-5	增加住区、学校、公交站路线的安全感

公交车站点距永庆坊入口仅数十米

整体现状	① 区域	② 区域	③ 区域
●	●	●	●

- 公交站点距离永庆坊入口仅数十米，交通便利

永庆坊活动支持调查　　表3-14

设施物-FF

A-1	座椅、花池、树木、建筑小品、小广场、花园休闲户外设施，在人迹罕至的地方设置康乐设施并对周边开放

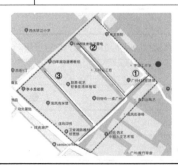 

与附近的广东粤剧博物馆共享景观绿地空间

续表

整体现状	① 区域	② 区域	③ 区域
●	●	●	●

- ①、②区域几个主要的节点，均有座椅类活动设施，无康乐设施，中心活动广场上的大阶梯可以停留驻足、休憩，与东侧广东粤剧博物馆形成共享绿地
- ③区域一巷有李小龙名人故居，天台有屋顶花园

A-2	新闻、通信公告栏、电线杆公告栏、安全宣传栏；各类地图

①区域导览地图　　②永庆坊都市再生介绍

整体现状	① 区域	② 区域	③ 区域
●	●	◐	●

- 永庆坊参观导览系统完善，并有开放参观指引，但导览地图放置区域为人流聚集区，有碍交通疏导
- 在中心广场，设有"永庆坊前世今生系列展览"，向游客介绍永庆坊文化和再生设计理念

物理空间-PS

A-3	棋牌、阅览、书画、乒乓球、老人活动室；村媒体、图书馆、阅读室

②活字印刷体验馆　　③粤剧活动中心

整体现状	① 区域	② 区域	③ 区域
◐	◐	◐	◐

- ①区域有一些印刷体验馆、照相馆等；②区域有陶艺馆；③区域具有广东特色的粤剧活动中心
- 区域设有棋牌室居民室内活动空间

运营维护管理-OM

A-4	经营咖啡馆、餐厅、便利店、洗衣房

续表

整体现状	① 区域	② 区域	③ 区域
◐	◐	◐	◐

- 区域内有经营文化创意产业相关的商业及餐饮
- 没有洗衣房、游泳池和健身房

A-5	绘制壁画等增加居民活动，并保护壁画

②音乐节和街头乐队演出　　①定期举办活动快闪情景剧

整体现状
●

- 永庆坊化身流动剧场，街头演艺厅，把传统文化与年轻人的审美需求有机结合，吸引游客和居民参与

（5）维护管理

永庆坊内维护管理情况，见表3-15：调查内容涉及案例分析框架（表3-1）维护（M-1～M-4）部分。CPTED要素详细内容现状通过"●"良好、"◐"一般、"○"不良，三个等级进行评价。

永庆坊维护管理调查　　表3-15

设施物-FF

M-1	维护活动设施、休闲设施、设备系统

①主街照明强度充足　　②主街店铺照明强度充足

整体现状	① 区域	② 区域	③ 区域
●	●	●	●

- 夜晚主街照明强度充足，因此在夜晚聚集了休闲乘凉的居民

续表

物理空间-PS

| M-2 | 维护景观：不遮挡门窗等；维护建筑：正常使用、乱搭建和荒废的建筑；环境维护 |

①植物疏于修剪遮挡光线，难以形成自然监视　②二层阳台破损严重，有高空坠物风险

整体现状	①区域	②区域	③区域
◐	◐	◐	◐

- ①区域绿植、建筑、设备有较好的维护
- ②区域植物疏于修剪遮挡窗户，有碍视线和自然监视，二层的民居疏于管理，设施陈旧，无垃圾分类回收
- ③区域水体维护良好，民居疏于管理，设施陈旧，无垃圾分类回收

运营维护管理-OM

M-3	控制访客的进入，登记进出小区人员、车辆；巡逻安保
整体现状	●

- 区域内居民的机动车任意停放，无统一管理

M-4	管理任意停放的车辆和外来人员的车辆，非机动车车库安排专人看管
整体现状	○

- 区域内居民的机动车任意停放，无非机动车管理

3. 调查结果

（1）自然监视

S-1 视频监控安装情况可见，主入口和①视频监控设施完善，②、③视频监控设施基本可以覆盖全段。巷子内以及公共区域，也不同程度地安装了视频监控。永庆坊出入口主要节点为公安系统视频监控，1km 成像，其他视频监控百米成像。

S-2 ①永庆大街照明充足，地上线性照明连续性强。②、③一楼为商业店铺，店铺灯光补充了该区域的照明。

S-3 ①中心广场设有大阶梯、水景，行人可以驻足休息，增加了自然监视。③李小龙故居有屋顶花园,俯瞰永庆坊,增加了不同视角的自然监视。

S-4 ①、②、③三条街道均为步行街，无停车问题遮挡视线。②、③

生活和商业街道共生，晒在外面的居民衣服干扰了视线，影响环境美观。空间肌理密集，少有乔木、灌木，行道树由盆栽绿植代替。

S-5 店铺的外立面雕塑，成为户外的艺术景观，让行人驻足增加自然监视。

S-6 有 24 小时无人超市，增加了夜晚居民活动的可能，增加自然监视。

(2) 访问控制

C-1 ①二楼以上通过立面美化，解决了安全防护问题。②、③民居一楼简易防盗门，二楼阳台无防盗设施，增加攀爬入室风险。

C-2 一楼简易防盗门，二楼以上无防盗设施；区域无车辆进入。

C-3 区域有两个出入口，面向恩宁路主入口通向广东粤剧博物馆，内部均为步行街。无门禁，游客无来访登记，为安全防范增加了难度。

C-4 区域内部分建筑的排水管、空调管裸露，民居二楼无防盗设施的开放式阳台存在安全隐患。

(3) 领域性

T-1 ①入口通过立面及建筑本身的韵律，形成"围墙"边界；②、③导视系统完善，领域性强。

T-2 区域通过灯光、绿植和栏杆明确领域性。

T-3 永庆坊地形简单，无小巷。

T-4 区域内通过高差、植物、水景等区分了公共和私人领域。

T-5 公交站点距离永庆坊入口仅数十米，交通便利。

(4) 活动支持

A-1 ①、②几个主要的节点均有座椅类活动设施，无康乐设施，中心活动广场上的大阶梯可以停留驻足、休憩，与东侧广东粤剧博物馆形成共享绿地。③一巷有李小龙名人故居，天台有屋顶花园。

A-2 永庆坊参观导览系统完善，并有开放参观指引，但导览地图放置区域为人流聚集区，有碍交通疏导，位置不够合理。在中心广场，设有"永庆坊前世今生系列展览"，向游客介绍永庆坊文化和再生设计理念。

A-3 ①有一些印刷体验馆、照相馆等。②有陶艺馆。③有具有广东特色的粤剧活动中心。区域没有棋牌室居民室内活动空间。

A-4 区域内有经营文化创意产业相关的商业及餐饮。没有洗衣房、游泳池和健身房。

A-5 永庆坊化身流动剧场，街头演艺厅，把传统文化与年轻人的审美需求有机结合，吸引游客和居民参与。

(5) 维护管理

调查内容为案例调研框架（表 3-1）维护管理（M-1～M-4）部分。

M-1 夜晚，主街照明强度充足，因此在夜晚聚集了休闲乘凉的居民。

M-2 ①绿植、建筑、设备有较好的维护。②植物疏于修剪遮挡窗户，有碍视线和自然监视，二层的民居疏于管理，设施陈旧，无垃圾分类回收。③水体维护良好，民居疏于管理，设施陈旧，无垃圾分类回收。

M-3 区域内均为步行空间，无停车问题。

M-4 无机动车车库和管理。

（6）将以上5个表的调查结果用表格形式进行比较分析（表3-16），得到村落整体情况：

自然监视的设施和物理空间都很完善，运营维护管理S-6（女性安心守护店）不完善。

访问控制的三个分类均为一般完善。

领域性的设施T-2（合理布局商业、公共设施）一般完善，其他都很完善。

活动支持的设施A-1（户外设施及开放性）、A-2（公告栏、宣传栏；各类地图）很完善；物理空间A-3（各年龄段的室内活动室）一般完善；运营维护管理A-4（咖啡馆、餐厅、便利店、洗衣房）一般完善，A-5（增加居民活动）很完善。

维护管理的设施M-1（活动、休闲设施、设备系统维护）很完善；物理空间M-2（景观、建筑、环境维护）一般完善；运营维护管理M-3（景观、建筑、环境维护）很完善；M-4（非机动车、机动车管理）不完善。

永庆坊分类路段比较分析 表3-16

要素	分类		详细内容	①区域	②区域	③区域	整体情况
自然监视-S	F	S-1	视频监控及报警设备	●	●	●	●
	F	S-2	照度、照明连续性	●	●	●	●
	F	S-3	布置各类活动设施	●	●	●	●
	PS	S-4	无可藏身空间及视线盲区	●	●	●	◐
	PS	S-5	壁画、雕塑、墙体喷漆	●	●	●	●
	OM	S-6	女性安心守护店	●	○	○	◐
访问控制-C	F	C-1	防盗、安全设施	●	◐	◐	◐
	F	C-2	门禁许可权认证系统	◐	◐	◐	◐
	PS	C-3	明确入口，有访客独立停车场	◐	◐	◐	◐
	OM	C-4	避免突出物外露，禁止通行标识	●	●	●	●
区域性-T	F	T-1	增加领域标识，明确私人领域	●	●	●	●
	F	T-2	合理布局商业、公共设施	●	◐	◐	◐

续表

要素	分类		详细内容	①区域	②区域	③区域	整体情况
区域性-T	PS	T-3	胡同宽度（≥2m）	●	●	●	●
	PS	T-4	颜色、材质、铺装、尺度区分区域	●	●	●	●
	OM	T-5	住区、学校、公交站路线的安全感	●	●	●	●
活动支持-A	F	A-1	户外设施及开放性	●	●	●	●
	F	A-2	公告栏、宣传栏；各类地图	●	◐	●	●
	PS	A-3	各年龄段的室内活动室	◐	◐	◐	◐
	OM	A-4	咖啡馆、餐厅、便利店、洗衣房	●	●	●	●
	OM	A-5	增加居民活动	●	●	●	●
维护管理-M	F	M-1	活动、休闲设施、设备系统维护	●	●	●	●
	PS	M-2	景观、建筑、环境维护	◐	◐	◐	◐
	OM	M-3	来访人员、车辆登记，巡逻安保	●	●	●	●
	OM	M-4	非机动车、机动车管理	○	○	○	○

"●"良好 "◐"一般 "○"不良

3.3 深圳案例研究

3.3.1 大芬村

1. 区域概况

大芬村隶属于深圳市龙岗区布吉街道，面积 0.4km²，各类建筑 300 多栋，总建筑面积 14 万 m²，如图 3-3 所示。

村内的流动人口及旁边花园住宅居民，外来人口约 20000 人，其中画工约 8000 人，油画产业从业人员 8000 人。

大芬村由自然村落发展为油画村是"农村—城中村—城市社区"的发展路径。其改造由市场主导产业转型，政府主导进行基础设施建设和环境改造，大芬村管委会办公室统一管理。大芬村位于城市边缘地带，建筑密度高。城市再生通过建筑的局部调整与拆迁，疏通村内与城市连接的 5 条主要车行道，结合步行道，形成完整路网系统。宅前道路没有太多车辆干扰，部分艺术家在巷子里搭起了小作坊，又作为油画展示空间，也作储藏杂物空间。人流量较少的巷子，商家搭起路边体验式绘画作坊。村口的画架主题雕塑界定了村内外的空间。有些部分围墙开放，建设成小广场，模糊了村与城的边界,密切了村与城的联系。对村内200栋建筑立面进行改造。行道树多以热带椰子树为主,体量高,视线通透,以软景观界定了空间边界。居住区、商业区没有明显的分隔,为高低错落的商住结合建筑。大芬美术馆前广场至洪氏祠堂的咖啡街,成了村民的公共活动空间,并规划有独立的停车区域。村内有3个出入口,通往布吉和龙岗大道。村外有地铁站和公交车站,交通便利。地标建筑有洪氏宗祠、大芬美术馆和太阳山艺术中心。

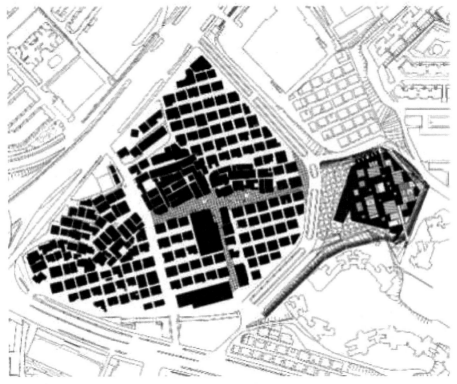

图3-3 大芬村平面

2.现状分析

按照地理位置进行区域编号,以最主要的4条道路为基础,共划分共4个区域,最长区域480m,最短204m。对表3-17编号区域进行表3-1案例调查框架内容调查。

(1)自然监视

大芬村内自然监视情况,见表3-18:调查内容涉及案例分析框架(表3-1)自然监视(S)部分。CPTED要素详细内容现状通过"●"良好、"◐"一般、"○"不良,三个等级进行评价。

| | 大芬村街巷调查 | 表3-17 |

区域地图

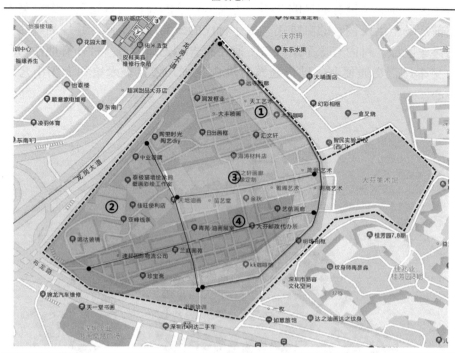

道路名	区域号码	道路形态
油画步行街/布沙路	①	折线
新芬路	②	直线
咖啡步行街	③	直线
老围西四巷	④	直线

| | 大芬村自然监视调查 | 表3-18 |

设施物- FF	
S-1	视频监控，语音识别警铃、安全铃、紧急电话

续表

整体现状	① 区域	② 区域	③ 区域	④ 区域
●	●	●	●	●

- 大芬油画村及周边辐射地区视频监控设施完善。规则的平面布局利于视频监控的有效监控
- ①区域主街间隔数十米有视频监控，共16个，无其他报警装置
- ②区域除公安系统安置的视频监控外，商家门前装有独立的视频监控，并且视频监控标识提示
- ③区域咖啡街为村落中心，人流量大，幼儿园和商铺外有视频监控
- ④区域大芬美术馆门口的公安用视频监控，可以辐射到①、④区域。而巷子内断头路存在无监控死角

S-2	照度、照明连续性适宜，夜晚面部识别保证10m照亮，并避免眩光

①主街路灯和店铺照明充足　　④主街照明充足，小巷内光线不足

整体现状	① 区域	② 区域	③ 区域	④ 区域
◐	●	◐	●	◐

- 大芬村主街照明充足，一楼商业店铺补充了区域照明。照明连续性强，但主街外②、③、④区域的巷子照明不足，无相应照明。存在夜晚安全隐患

S-3	小区中央布置各类活动设施，并确保使用

③咖啡街雕塑小品及休息座椅　　④居民在美术馆广场的休闲活动

整体现状	① 区域	② 区域	③ 区域	④ 区域
◐	◐	◐	◐	◐

- 主要节点有座椅、花坛类休闲设施；无康乐设施、公园、儿童游乐场

物理空间- PS

S-4	不得有藏身的空间、设施、树木，灌木高度0.5m以下，避免蜿蜒景观道路产生视线盲区

③建筑缩进及两侧小巷　②违规停车产生视线盲区，存在夜晚安全隐患

整体现状	①区域	②区域	③区域	④区域
◐	◐	◐	◐	◐

- ①区域无人管理的废弃设施，遮挡了视线，路边乱停车形成视线盲区，砌筑的墙体遮挡了行人视线，存在安全隐患
- ②区域建筑前茂密的竹林、假山石和乱停车为此区域夜晚带来安全隐患
- ③区域街巷视线好，无围墙和遮挡物，太阳山艺术中心缩进的立面及两侧的小巷带来安全隐患
- ④区域窗外视线好，无高围墙和遮挡物，夜晚停靠在路边的货车、堆砌的石材成为监控死角

S-5	壁画、雕塑、墙体喷漆

③街心雕塑和休息座椅，增加自然监视　④商铺外雕塑，成为公共艺术品吸引游客

整体现状	①区域	②区域	③区域	④区域
●	●	●	●	●

- ①、②、④区域一些户外的艺术品成为公共景观，增加自然监视
- ③区域街心的雕塑和休息座椅，为区域带来了自然监视

运营维护管理-OM	
S-6	女性安心守护店、安心便利店
整体现状	○

- 村内无24小时便利店等安心守护店

（2）访问控制

大芬村内访问控制情况，见表3-19：调查内容涉及案例分析框架（表3-1）访问控制（C）部分。CPTED要素详细内容现状通过"●"良好、"◐"一般、"○"不良，三个等级进行评价。

大芬村访问控制调查		表3-19

设施物-FF

C-1	安装防盗、安全设施

③一楼商铺落下卷闸门，二楼有防护窗　②大部分建筑1到2层安装了防盗门窗

整体现状	① 区域	② 区域	③ 区域	④ 区域
●	●	●	◐	●

- ①区域大部分建筑的1~2层安装了防盗门窗
- ②、③、④区域二楼以上装有防护窗

C-2	门禁许可权认证系统：刷卡门禁、人脸识别、电梯身份认证、车辆通行装置

①有门禁，但无报警装置　③卷闸门和栏杆形成访问控制

整体现状	① 区域	② 区域	③ 区域	④ 区域
◐	◐	◐	◐	◐

- ①区域美术馆屋顶平台有门禁，但无报警装置
- ②、③、④区域一楼商铺夜晚有卷闸门
- ②、④区域部分居民楼入口无门禁
- ③区域卷闸门和栏杆形成访问控制

物理空间-PS

C-3	明确入口范围，区分居民和访客的停车场

①出入口1　①出入口2

续表

整体现状	◐

- 区域出入口有大门、标志性门牌、车行出入卡、临时停车场。无地下停车场，居民的车随意停放在巷子里，车辆停放混乱。由于大芬村是油画村观光村，因此小区无门禁，外来人员均可进入，为安全防范增加了难度

运营维护管理-OM

C-4	避免树木、建筑外立面突出物或设备外露，安装禁止通行标识

①部分建筑的排水管、空调管裸露　　③巷子存放的梯子夜晚带来安全隐患

整体现状	①区域	②区域	③区域	④区域
○	○	◐	◐	○

- ①、④区域部分建筑的排水管、空调管裸露，存在可攀爬的风险
- ②区域商铺门前可攀爬的铁艺结构为隔壁民居带来安全隐患
- ③区域有部分巷子用作储物，疏于管理，存放的梯子夜晚存在安全隐患

(3) 领域性

大芬村内领域性情况，见表 3-20：调查内容涉及案例分析框架（表 3-1）领域性（T）部分。CPTED 要素详细内容现状通过"●"良好、"◐"一般、"○"不良，三个等级进行评价。

大芬村领域性调查　　　表3-20

设施物-FF

T-1	增加出入口、边界的领域标识，明确私人或公共领域

④商家通过绿植创造半私人空间　　③台阶高差、雕塑小品

续表

整体现状	① 区域	② 区域	③ 区域	④ 区域
◐	●	●	◐	◐

- ①区域休息区域放置禁止停车告示牌
- ②区域商家通过绿植创造半私人空间
- ③区域通过台阶高差、雕塑小品，明确领域性
- ④区域人行路中间种植的景观树，让私人空间和公共空间无序化

T-2	通过绿植、篱笆、栏杆及照明限定或强化空间的围合感，合理布局底层商业、公共休闲配套设施的围合

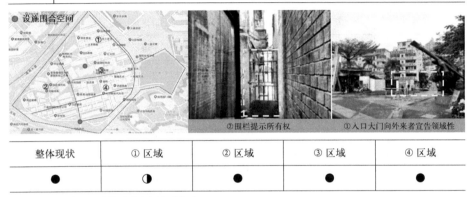

整体现状	① 区域	② 区域	③ 区域	④ 区域
●	◐	●	●	●

- ①区域街边和开放的公共空间有乱停车
- ②区域大门对外来者宣告了领域性
- ③区域围栏提示所有权
- ④区域有栏杆阻止访问，并明确门牌

物理空间-PS

T-3	胡同宽不小于2m（地形限制不小于1.2m），宽度1.5m以下道路禁止种植行道树

整体现状	① 区域	② 区域	③ 区域	④ 区域
●	◐	●	◐	●

- ①区域主街祠堂内侧巷子狭窄，宽度不足2m
- ②、④区域小巷作为露天绘画体验区，将室内活动延伸到室外
- ③区域小巷作为露天作坊，生产并出售油画，占用了过道空间，模糊了室内外空间领域性，但增加了自然监视

续表

T-4	用颜色、质感、材料、铺装、尺度区分不同区域

①色彩区分停车场和公共区域　　①外墙和院子上绘制壁画，增加领域性

整体现状	①区域	②区域	③区域	④区域
●	●	●	●	◐

- ①区域在外墙和院子上绘制壁画，增加领域性
- ②区域色彩区分停车场和公共区域
- ③区域独栋建筑外立面有不同的材质和色彩
- ④区域每栋建筑都有自己独立的色彩和材质，便于识别形成领域感

运营维护管理-OM

T-5	增加住区、学校、公交站路线的安全感
整体现状	●

- 区域公交站在主入口几十米处，地理位置优越

(4) 活动支持

大芬村内活动支持情况，见表3-21：调查内容涉及案例分析框架（表3-1）活动支持（A）部分。CPTED要素详细内容现状通过"●"良好、"◐"一般、"○"不良，三个等级进行评价。

大芬村活动支持调查　　表3-21

设施物-FF

A-1	座椅、花池、树木、建筑小品、小广场、花园休闲户外设施，在人迹罕至的地方设置康乐设施并对周边开放
	同 S-3

整体现状	①区域	②区域	③区域	④区域
◐	◐	◐	●	◐

- 区域主要节点有座椅类活动设施。无康乐设施、小区公园绿地、儿童游乐场

续表

A-2	新闻、通信公告栏、电线杆公告栏、安全宣传栏；各类地图

① 社区宣传栏　　　　　　　　④ 社区文明宣传栏

整体现状	① 区域	② 区域	③ 区域	④ 区域
◐	●	◐	○	◐

- ①区域有社区宣传栏，主要为法制宣传
- ②、③区域有不固定形式的社区文明宣传栏，宣传国家政策和理念

物理空间-PS

A-3	棋牌室、阅览室、书画室、乒乓球室、老人活动室；村媒体，图书馆，阅读室

③ 邬氏宗祠　　　　　　　　① 大芬美术馆

整体现状	① 区域	② 区域	③ 区域	④ 区域
◐	◐	●	◐	◐

- ①区域大芬美术馆成为社区活动及对外交流的主要场所
- ②区域邬氏宗祠成为节庆等居民聚会场所
- ③区域大芬社区办公楼便民服务中心
- ④区域村中心绿地，为村民带来活动空间。村落没有棋牌室等室内活动空间

运营维护管理-OM

A-4	经营咖啡馆、餐厅、便利店、洗衣房

③ 咖啡厅及陶艺体验吧　　　　　　　　① 沿街大部分为画材经营店，商业活动频繁

续表

整体现状	①区域	②区域	③区域	④区域
◐	●	◐	◐	◐

- 大部分沿街商铺为画材经营店，商业活动频繁。村里没有洗衣房、游泳池和健身房，仅有油画产业相关的商业和餐饮

A-5	绘制壁画等增加居民活动，并保护壁画

①上海世博会深圳馆立面绘制活动

整体现状
●

- 大芬村美术协会、深圳政府等多方组织专业技能大赛和艺术展览，增加村内从业者的活动

（5）维护管理

大芬村内维护管理情况，见表3-22：调查内容涉及案例分析框架（表3-1）维护管理（M-1～M-4）部分。CPTED要素详细内容现状通过"●"良好、"◐"一般、"○"不良，三个等级进行评价。

大芬村维护管理调查　　　　　　　　表3-22

设施物-FF	
M-1	维护活动设施、休闲设施、设备系统

①主街照明强度充足，聚集居民乘凉　　③巷子内街灯昏暗，照明不足

整体现状	①区域	②区域	③区域	④区域
◐	●	◐	◐	○

- 主街照明强度充足，夜晚聚集了居民乘凉，内巷照明亮度不足

物理空间-PS	
M-2	维护景观：不遮挡门窗等；维护建筑：正常使用、乱搭建和荒废的建筑；环境维护

续表

①未修剪树木遮挡住宅　　　④废弃的自行车丢弃在街角

整体现状	① 区域	② 区域	③ 区域	④ 区域
◐	◐	◐	●	◐

- ①区域未修剪的树木遮挡视线及光线。各类线路裸露、打结，增加安全隐患，垃圾无分类
- ②区域植物疏于修剪有碍视线。不同时期修整的路面，褪色的交通警戒线令街面无序，垃圾无分类
- ③区域废弃的自行车丢弃在街角，破坏了环境的整洁和通行便利性。用植物和石头装饰老墙壁，修旧如旧。垃圾分类回收
- ④区域商铺砌筑一半的墙体，未进行后续修缮。用过的画框木材随便丢弃在巷子里，垃圾无分类

运营维护管理-OM

M-3	控制访客的进入，登记进出小区人员、车辆；巡逻安保
整体现状	◐

- 区域内居民的机动车任意停放，无统一管理

M-4	管理任意停放的车辆和外来人员的车辆，非机动车车库安排专人看管
整体现状	◐

- 区域内居民的机动车任意停放，无非机动车管理

3. 调查结果

（1）自然监视

S-1 大芬油画村及周边辐射地区视频监控设施完善。①主街间隔数十米有视频监控，共16个，无其他报警装置；②除公安系统安置的视频监控外，商家门前装有独立的视频监控，并且视频监控标识提示；③咖啡街为村落中心，人流量大，幼儿园和商铺外有视频监控；④大芬美术馆门口的公安用视频监控，可以辐射到①、④。而巷子内断头路存在监控死角。

S-2 大芬村主街照明充足，一楼商业店铺补充了区域照明。照明连续性强，但主街外②、③、④的巷子照明不足，无噪声响应照明。

S-3 主要节点有座椅、花坛类休闲设施；无康乐设施、公园、儿童游乐场。

S-4 ①无人管理的废弃设施，遮挡了视线，路边乱停车形成视线盲区，砌筑的墙体遮挡了行人视线，存在安全隐患；②建筑前茂密的竹林、假山石和乱停车为此区域夜晚带来安全隐患；③街巷视线好，无围墙和遮挡物，太阳山艺术中心缩进的立面及两侧的小巷带来安全隐患；④窗外视线好，无高围墙和遮挡物，夜晚停靠在路边的货车、堆砌的石材，成为监控死角。

S-5 ①、②、④一些户外的艺术品成为公共景观，增加自然监视；③街心的雕塑和休息座椅，为区域带来了自然监视。

S-6 村内无24小时便利店等安心守护店。

（2）访问控制

C-1 ①大部分建筑的1到2层安装了防盗门窗；②、③、④二楼以上装有防护窗。

C-2 ①美术馆屋顶平台有门禁，但无报警装置；②、③、④一楼商铺夜晚有卷闸门；②、④部分居民楼入口无门禁；③卷闸门和栏杆形成访问控制。

C-3 出入口有大门、标志性门牌、车行出入卡、临时停车场。无地下停车场，居民的车随意停放在巷子里，车辆停放混乱。由于大芬村是油画村、观光村，因此小区无门禁，外来人员均可进入，为安全防范增加了难度。

C-4 ①、④部分建筑的排水管、空调管裸露，存在可攀爬的风险；②商铺门前可攀爬的铁艺结构为隔壁民居带来安全隐患；③有部分巷子用作储物，疏于管理，存放的梯子夜晚存在安全隐患。

（3）领域性

T-1 ①休息区域放置禁止停车告示牌；②商家通过绿植创造半私人空间；③通过台阶高差、雕塑小品，明确领域性；④人行路中间种植的景观树，让私人空间和公共空间无序化。

T-2 ①街边和开放的公共空间有乱停车；②大门对外来者宣告了领域性；③围栏提示所有权；④有栏杆阻止访问，并明确门牌。

T-3 ①主街祠堂内侧巷子狭窄，宽度不足2m；②、④小巷作为露天绘画体验区，将室内活动延伸到室外；③小巷作为露天作坊，生产并出售油画，占用了过道空间，模糊了室内外空间领域性，但增加了自然监视。

T-4 ①在外墙和院子上绘制壁画，增加领域性；②色彩区分停车场和公共区域；③独栋建筑外立面有不同的材质和色彩；④每栋建筑都有自己独立的色彩和材质，便于识别形成领域感。

T-5 公交站在主入口几十米处，地理位置优越。

（4）活动支持

A-1 主要节点有座椅类活动设施。无康乐设施、小区公园绿地、儿童游乐场。

A-2 ①有社区宣传栏，主要为法制宣传；②、③有不固定形式的社区文明宣传栏，宣传国家政策和理念。

A-3 ①大芬美术馆成为社区活动及对外交流的主要场所；②邬氏宗祠成为节庆等居民聚会场所；③大芬社区办公楼便民服务中心；④村中心绿地，为村民带来活动空间。村落没有棋牌室等室内活动空间。

A-4 大部分沿街商铺为画材经营店，商业活动频繁。村里没有洗衣房、游泳池和健身房，仅有油画产业相关的商业和餐饮。

A-5 大芬村美术协会、深圳政府等多方组织专业技能大赛和艺术展览，增加村内从业者的活动。

(5) 维护管理

M-1 主街照明强度充足，夜晚聚集了居民乘凉，内巷照明亮度不足。

M-2 ①未修剪的树木遮挡视线及光线。各类线路裸露、打结，增加安全隐患，垃圾无分类；②植物疏于修剪有碍视线。不同时期修整的路面，褪色的交通警戒线令街面无序，垃圾无分类；③废弃的自行车丢弃在街角，破坏了环境的整洁和通行便利性。用植物和石头装饰老墙壁，修旧如旧。垃圾分类回收；④商铺砌筑一半的墙体，未进行后续修缮。用过的画框木材随便丢弃在巷子里，垃圾无分类。

M-3 村内居民的机动车任意停放，无统一管理。

M-4 村内居民的机动车任意停放，无非机动车管理。

(6) 将以上5个表的调查结果用表格形式进行比较分析（表3-23），得到村落整体情况：

自然监视的设施S-1（视频监控及报警设备）很完善，S-2（照度、照明连续性）和S-3（布置各类活动设施）一般完善；物理空间S-4（无可藏身空间及视线盲区）一般完善，S-5（壁画、雕塑、墙体喷漆）很完善；运营维护管理S-6（女性安心守护店）不完善。

访问控制的设施C-1（防盗、安全设施）很完善，C-2（门禁许可权认证系统）一般完善；物理空间C-3（明确入口，有访客独立停车场）一般完善；运营维护管理C-4（避免突出物外露，禁止通行标识）不完善。

领域性的设施T-1（增加领域标识，明确私人领域）一般完善，其他都很完善。

活动支持除运营维护管理A-5（增加居民活动）很完善，其他都一般完善。

维护管理的三个分类均为一般完善。

大芬村分类路段比较分析　　　　　表3-23

要素	分类		详细内容	①区域	②区域	③区域	④区域	整体情况
自然监视-S	F	S-1	视频监控及报警设备	●	●	●	●	●
		S-2	照度、照明连续性	●	◐	◐	◐	◐
	PS	S-3	布置各类活动设施	◐	◐	◐	◐	◐
		S-4	无可藏身空间及视线盲区	◐	◐	◐	◐	◐
		S-5	壁画、雕塑、墙体喷漆	●	●	●	●	●
	OM	S-6	女性安心守护店	○	○	○	○	○
访问控制-C	F	C-1	防盗、安全设施	●	●	◐	●	●
		C-2	门禁许可权认证系统	◐	◐	◐	◐	◐
	PS	C-3	明确入口，有访客独立停车场	◐	◐	◐	◐	◐
	OM	C-4	避免突出物外露，禁止通行标识	○	◐	◐	○	○
区域性-T	F	T-1	增加领域标识，明确私人领域	●	◐	◐	◐	◐
		T-2	合理布局商业、公共设施	◐	●	●	●	●
	PS	T-3	胡同宽度（≥2m）	◐	●	◐	●	◐
		T-4	颜色、材质、铺装、尺度区分区域	●	◐	●	◐	◐
	OM	T-5	住区、学校、公交站路线的安全感	●	●	●	●	●
活动支持-A	F	A-1	户外设施及开放性	◐	◐	●	◐	◐
		A-2	公告栏、宣传栏；各类地图	●	◐	○	●	◐
	PS	A-3	各年龄段的室内活动室	◐	●	◐	◐	◐
	OM	A-4	咖啡馆、餐厅、便利店、洗衣房	●	◐	◐	◐	◐
		A-5	增加居民活动	●	●	●	●	●
维护管理-M	F	M-1	活动、休闲设施、设备系统维护	◐	◐	◐	○	◐
	PS	M-2	景观、建筑、环境维护	◐	◐	●	◐	◐
	OM	M-3	来访人员、车辆登记，巡逻安保	◐	◐	◐	◐	◐
		M-4	非机动车、机动车管理	◐	◐	◐	◐	◐

"●"良好　"◐"一般　"○"不良

3.3.2 沙井村

1. 区域概况

沙井村又名沙井古墟,地处深圳市宝安区沙井街道,北回归线以南。沙井街道下辖29个社区,本文研究范围为沙井村蚝四围社区(蚝三旧村),如图3-4所示。

图3-4 沙井村平面

沙井街道人口约130万(其中户籍人口约3.3万),是深圳现存最大的混合型历史街区。沙井村占地面积约26万 m^2,包括龙津河,千年历史的龙津石塔,以及几百栋老屋、十几处祠堂、古井、牌坊等。

该区域城中村、临时建筑与非正规移民社区混杂,2019年起沿河岸一带开始了微改造项目。由于城中村高密度建筑的限制,主干道旁就是住宅的现象,带来了安全隐患和交通压力。河流整治,采用低成本雨水分流方法,在河流的边界处理上,将一些不必要的路面变窄,减少机动车过速的危险,拆除河岸栏杆,修建花池、步道,释放亲水空间。增加小桥连廊等垂直河岸的横向路径,打破了线性的空间结构,成为村民随意休息交往的微小场所。沙井古墟遗址、祠堂分布道路两侧,西北侧有老街公园。居民生活区域较为集中,楼距密集。无法规划独立的停车空间,村民将车停在家宅前后,甚至占用了道路。村内共有3个主要出口,通往城市各个空间。沙井村历史地标建筑众多,古塔、古井和牌坊都是地标。另一个近代重要地标是戏台,建于20世纪80年代,逐渐成为空置无用空间。再生后的空间使用可循环材料,营造了轻松的氛围,活化了空间,使其成为村民组织社会活动、文化活动的公共空间。废墟上脚手架搭建起来的连廊和大阶梯,让废墟成为可观赏的绿化花园。

2. 现状分析

按照地理位置进行区域编号，以最主要的 3 条道路为基础，共划分为 3 个区域，最长区域 333m，最短 168m。对表 3-24 编号区域进行表 3-1 案例调查框架内容调查。

沙井村街巷调查　　　　　　　　表3-24

区域地图

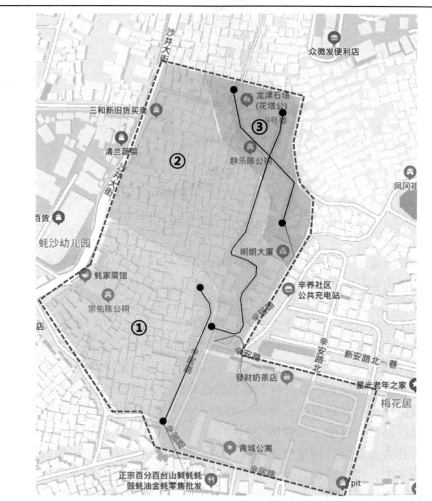

道路名	区域号码	道路形态
无名路	①	折线
无名路	②	折线
辛居路	③	折线

（1）自然监视

沙井村内自然监视情况，见表3-25；调查内容涉及案例分析框架（表3-1）自然监视（S）部分。CPTED要素详细内容现状通过"●"良好、"◐"一般、"○"不良，三个等级进行评价。

沙井村自然监视调查　　　　　表3-25

设施物-FF				
S-1	视频监控，语音识别警铃、安全铃、紧急电话			
整体现状	① 区域	② 区域	③ 区域	
◐	●	◐	◐	

- 区域复杂的平面布局为视频监控的有效监控增加了难度，①区域主路的监控设施完善
- ②、③区域巷子内基本无视频监控，存在监控死角。主要节点有两个公安系统视频监控为1km成像，普通视频监控为100m成像

S-2	照度、照明连续性适宜，夜晚面部识别保证10m照亮，并避免眩光			
整体现状	① 区域	② 区域	③ 区域	
○	◐	○	○	

- 主街照明充足，照明连续性强，但主街外的巷子里照明不足，没有噪声相应照明，狭窄小巷昏暗

S-3	小区中央布置各类活动设施，并确保使用			

①康乐设施、廉政公园　　②乘凉的亭子

整体现状	① 区域	② 区域	③ 区域
◐	◐	◐	◐

续表

- 设施仅在主街布置，狭窄小巷里无活动设施，村落内祠堂众多

物理空间- PS

S-4	不得有藏身的空间、设施、树木，灌木高度0.5m以下，避免蜿蜒景观道路产生视线盲区

①凸凹立面存在监控盲区　　②风水墙干扰视线，产生视线盲区

整体现状	① 区域	② 区域	③ 区域
◐	◐	◐	◐

- ③区域因绿化过少，无植物遮挡视线的问题，但区域均存在建筑遮挡视线的情况

S-5	壁画、雕塑、墙体喷漆

③龙津河岸的壁画活化空间　　① 社区公园的雕塑

整体现状	① 区域	② 区域	③ 区域
◐	●	◐	◐

- ①区域社区公园，宣传廉政文化思想
- ②区域古墟花园、大阶梯可供休憩和组织活动
- ③区域龙津河岸有生活文化节所绘制的壁画

运营维护管理- OM

S-6	女性安心守护店、安心便利店

整体现状
○

- 村内无24小时便利店等安心守护店

（2）访问控制

沙井村内访问控制情况，见表3-26：调查内容涉及案例分析框架（表3-1）访问控制（C）部分。CPTED要素详细内容现状通过"●"良好、"◐"一般、"○"不良，三个等级进行评价。

沙井村访问控制调查　　　　　　　　　　表3-26

设施物-FF				
C-1	安装防盗、安全设施			

①简易防盗门　　　②简易防盗门窗年久失修

整体现状	① 区域	② 区域	③ 区域
○	○	○	○

- 绝大部分只有简易的自制防盗窗，门窗设施老化，无安全保障

C-2	门禁许可权认证系统：刷卡门禁、人脸识别、电梯身份认证、车辆通行装置

- 无出入口控制系统

整体现状	① 区域	② 区域	③ 区域
◐	◐	◐	○

- 车行出入口有大门、标志性门牌、车行出入卡、临时停车场。而西侧有多个可以步行自由出入村子的窄巷，无门禁，外来人员均可进入，为安全防范增加了难度

物理空间-PS				
C-3	明确入口范围，区分居住者和外来者的停车场			

①公共停车场　　　①车辆出入口

续表

整体现状	① 区域	② 区域	③ 区域
◐	●	◐	◐

- 车行出入口有大门、标志性门牌、车行出入卡控制来访车辆、临时停车场。而西侧，有多个可以步行自由出入社区的小巷，无门禁，外来人员均可进入，为安全防范增加了难度

运营维护管理-OM	
C-4	避免树木、建筑外立面突出物或设备外露，安装禁止通行标识

②建筑排水、空调管裸露，存在安全隐患　　①错落相连的建筑

整体现状	① 区域	② 区域	③ 区域
○	○	○	○

- 明确的商铺标识
- ②区域高低错落、立面相连的建筑有攀爬入室的可能
- ③区域大部分建筑的排水管、空调管裸露，存在可攀爬的风险

（3）领域性

沙井村内领域性情况，见表 3-27：调查内容涉及案例分析框架（表 3-1）领域性（T）部分。CPTED 要素详细内容现状通过"●"良好、"◐"一般、"○"不良，三个等级进行评价。

沙井村领域性调查　　　表3-27

设施物-FF	
T-1	增加出入口、边界的领域标识，明确私人或公共领域

③传统的对联限定空间　　①传统建筑的入口

续表

整体现状	①区域	②区域	③区域
●	◐	●	●

- ①区域传统的建筑入口形式限定了领域。
- ②区域部分建筑通过贴大门上的中国传统对联限定私人空间。
- ③区域民居院落围墙限定私人领域

T-2	通过绿植、篱笆、栏杆及照明限定或强化空间的围合感，合理布局底层商业、公共休闲配套设施的围合

③河道和道路限定了空间　　②栅栏增加空间围合感

整体现状	①区域	②区域	③区域
●	◐	●	●

- ①区域篱笆增加围合感
- ②区域拆除河岸栏杆，将封闭的河流打开，修建花池、步道，释放亲水空间，路面的交通指引线限定了公共和私人区域
- ③区域河道横向半围合的休息座椅限定了半公共空间

物理空间-PS

T-3	胡同宽不小于2m（地形限制不小于1.2m），宽度1.5m以下道路禁止种植行道树

③通道的宽度小于1m　　②大多数胡同宽度小于2m，存在消防安全问题

整体现状	①区域	②区域	③区域
○	◐	○	○

- ①、②、③区域主街道路通畅，内巷均有狭窄小巷
- ③区域有多条1m左右的巷子，存在严重的消防问题

T-4	用颜色、质感、材料、铺装、尺度区分不同区域

117

续表

① 花坛限定了活动区域和道路空间　　③ 河道与道路限制了空间

整体现状	① 区域	② 区域	③ 区域
◯	◐	◐	◯

- ①区域花坛的高差区分活动区域和车行、人行区域
- ②区域民居立面的壁画区分了公共和私人空间
- ③区域龙津河河道通过层次分明的绿植、河道、道路，形成了活动空间、道路，并区分了数米外的私人空间，但巷子内情况较差

运营维护管理-OM

T-5	增加住区、学校、公交站路线的安全感

附近有沙井地铁站

整体现状	① 区域	② 区域	③ 区域
●	●	●	●

- 主入口2km处有地铁，交通便利

(4) 活动支持

沙井村内活动支持情况，见表3-28：调查内容涉及案例分析框架（表3-1）活动支持（A）部分。CPTED要素详细内容现状通过"●"良好、"◐"一般、"◯"不良，三个等级进行评价。

沙井村活动支持调查　　　　表3-28

设施物-FF				
A-1	座椅、花池、树木、建筑小品、小广场、花园休闲户外设施，在人迹罕至的地方设置康乐设施并对周边开放			

①康乐设施、廉政公园　　②乘凉的亭子

整体现状	① 区域	② 区域	③ 区域
○	◐	◐	○

- ①区域有座椅类活动设施、康乐设施、儿童游乐场
- ②区域民居外过道有简易的座椅，作为居民临时休憩和交流区域
- ③区域有大阶梯、古戏台、祠堂等活动设施

A-2	新闻、通信公告栏、电线杆公告栏、安全宣传栏、各类地图

②游览地图　　①文明公告栏

整体现状	① 区域	② 区域	③ 区域
◐	●	●	○

- ①区域有社区文明宣传栏，宣传廉政思想、国家政策和理念
- ②区域有社区地图，作为参观指引

物理空间-PS	
A-3	棋牌室、阅览室、书画室、乒乓球室、老人活动室；村媒体，图书馆、阅读室

续表

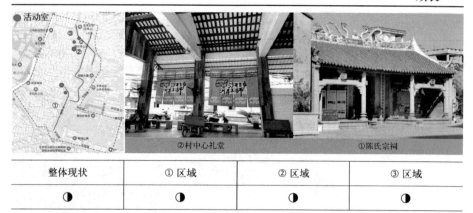

②村中心礼堂　　①陈氏宗祠

整体现状	①区域	②区域	③区域
◐	◐	◐	◐

- ①、②区域宗祠成为节庆等居民聚会场所。义德堂文化馆宣传武术文化
- ③区域改建的社区戏台，成为新的村民集会、活动空间。没有棋牌室等室内活动空间，但宗祠、戏台兼有此项功能

运营维护管理-OM

A-4	经营咖啡馆、餐厅、便利店、洗衣房

①1楼商业空间

整体现状	①区域	②区域	③区域
○	◑	○	○

- 村里主要经营生活有关商业，没有洗衣房、游泳池和健身房，辛居路和沙井大街有商业活动

A-5	绘制壁画等增加居民活动，并保护壁画

②村中心礼堂的主题活动　　③壁画绘制活动

续表

整体现状	① 区域	② 区域	③ 区域
●	◐	●	●

- 2020年有艺术家组织沙井古墟河岸生活节，壁画和装置艺术活动

（5）维护管理

沙井村内维护管理情况，见表3-29：调查内容涉及案例分析框架（表3-1）维护管理（M）部分。CPTED要素详细内容现状通过"●"良好、"◐"一般、"○"不良，三个等级进行评价。

沙井村维护管理调查 表3-29

设施物-FF

M-1	维护活动设施、休闲设施、设备系统

整体现状	① 区域	② 区域	③ 区域
○	◐	○	○

- ①区域商业主街照明强度充足，在夜晚聚集了居民
- ②、③区域内巷狭窄，照明不充足，休息设施靠近危房，带来安全隐患

物理空间-PS

M-2	维护景观：不遮挡门窗等；维护建筑：正常使用、乱搭建和荒废的建筑；环境维护

续表

整体现状	① 区域	② 区域	③ 区域
◐	◐	◐	◐

- 街道、景观设施维护方面①、②区域修剪树冠，保持在2m以上，视线通透
- ③区域治理水域，将污水分离。建筑、设备等设施维护方面①区域各类线路裸露、打结
- ②区域植物疏于修剪遮挡民宅
- ③区域立面墙壁斑驳褪色，各类线路裸露、打结，以上增加安全隐患

运营维护管理-OM

M-3	控制访客的进入，登记进出小区人员、车辆；巡逻安保		
整体现状	① 区域	② 区域	③ 区域
◐	●	◐	◐

- 区域内只有主入口处一个停车场，居民区内无停车场。无机动车统一管理，居民车辆任意停放

M-4	管理任意停放的车辆和外来人员的车辆，非机动车车库安排专人看管		

②非机动车在胡同乱停放　　③非机动车闲置在家门口

整体现状	① 区域	② 区域	③ 区域
○	○	○	○

- 无机动车统一管理，居民车辆任意停放

3. 调查结果

(1) 自然监视

S-1 ①主路的监控设施完善；②、③巷子内基本无视频监控，存在监控死角。主要节点有两个公安系统视频监控为1km成像，普通视频监控为100m成像。

S-2 主街照明充足，照明连续性强，但主街外的巷子里照明不足，没有噪声相应照明，狭窄小巷昏暗。

S-3 设施仅在主街布置，狭窄小巷里无活动设施，村落内祠堂众多。

S-4 ③因绿化过少，无植物遮挡视线的问题，但区域均存在建筑遮挡视线的情况。

S-5 ①社区公园，宣传廉政文化思想；②古墟花园、大阶梯可供休憩和

组织活动；③龙津河岸有生活文化节所绘制的壁画。

S-6 村内无 24 小时便利店等安心守护店。

（2）访问控制

C-1 绝大部分只有简易的自制防盗窗，门窗设施老化，无安全保障。

C-2 车行出入口有大门、标志性门牌、车行出入卡，临时停车场。而西侧有多个可以步行自由出入村子的窄巷，无门禁，外来人员均可进入，为安全防范增加了难度。

C-3 车行出入口有大门、标志性门牌、车行出入卡控制来访车辆，临时停车场。而西侧，有多个可以步行自由出入社区的小巷，无门禁，外来人员均可进入，为安全防范增加了难度。

C-4 ①明确的商铺标识；②高低错落、立面相连的建筑有攀爬的可能；③大部分建筑的排水管、空调管裸露，存在可攀爬的风险。

（3）领域性

T-1 ①传统的建筑入口形式限定了领域；②部分建筑通过贴大门上的中国传统对联限定私人空间；③民居院落围墙限定私人领域。

T-2 ①篱笆增加围合感；②拆除河岸栏杆，将封闭的河流打开，修建花池、步道，释放亲水空间，路面的交通指引线限定了公共和私人区域；③河道横向半围合的休息座椅限定了半公共空间。

T-3 ①、②、③主街道路通畅，内巷均有狭窄小巷；③有多条 1m 左右的巷子，存在严重的消防问题。

T-4 ①花坛的高差区分活动区域和车行、人行区域；②民居立面的壁画区分了公共和私人空间，③龙津河河道通过层次分明的绿植、河道、道路，形成了活动空间、道路，并区分了数米外的私人空间。

T-5 公交站在主入口几十米处，2km 处有地铁站交通便利。

（4）活动支持

A-1 ①有座椅类活动设施、康乐设施、儿童游乐场；②民居外过道有简易的座椅，作为居民临时休憩和交流区域；③大阶梯、古戏台、祠堂等活动设施。

A-2 ①有社区文明宣传栏，宣传廉政思想、国家政策和理念；②社区地图，作为参观指引。

A-3 ①、②宗祠成为节庆等居民聚会场所。义德堂文化馆宣传武术文化。③改建的社区戏台，成为新的村民集会、活动空间。没有棋牌室等室内活动空间，但宗祠、戏台兼有此项功能。

A-4 村里主要经营生活有关商业，没有洗衣房、游泳池和健身房，辛居路和沙井大街有商业活动。

A-5 2020 年有艺术家组织沙井古墟河岸生活节，壁画和装置艺术活动。

(5) 维护管理

M-1 ①商业主街照明强度充足，在夜晚聚集了居民；②、③内巷狭窄，照明不充足，休息设施靠近危房，带来安全隐患。

M-2 街道、景观设施维护方面①、②修剪树冠，保持在 2m 以上，视线通透；③治理水域，将污水分离。建筑、设备等设施维护方面①各类线路裸露、打结；②植物疏于修剪遮挡民宅；③立面墙壁斑驳褪色，各类线路裸露、打结，以上增加安全隐患。

M-3 区域内只有主入口附近一个停车场，居民区内无停车场。无村落围墙，行人可以自由进出，存在安全隐患。

M-4 无机动车统一管理，居民车辆任意停放。

(6) 整体情况

将以上 5 个表的调查结果用表格形式进行比较分析（表 3-30），得到村落整体情况：

自然监视的设施 S-1（视频监控及报警设备）和 S-3（布置各类活动设施）一般完善，S-2（照度、照明连续性）不完善；物理空间两项一般完善；运营维护管理 S-6（女性安心守护店）不完善。

访问控制设施 C-1（防盗、安全设施）不完善，C-2（门禁许可权认证系统）一般完善；物理空间 C-3（明确入口，有访客独立停车场）一般完善；运营维护管理 C-4（避免突出物外露，禁止通行标识）不完善。

领域性的物理空间 T-3[胡同宽度（≥2m）] 一般完善，其他都很完善。

活动支持的设施 A-1（户外设施及开放性）和 A-2（公告栏、宣传栏；各类地图）一般完善；物理空间 A-3（各年龄段的室内活动室）一般完善；运营维护管理 A-4（咖啡馆、餐厅、便利店、洗衣房）不完善，A-5（增加居民活动）很完善。

维护管理的设施 M-1（非机动车、机动车管理）不完善，M-2（景观、建筑、环境维护）一般完善；物理空间 M-3（来访人员、车辆登记、巡逻安保）一般完善；运营维护管理 M-4（非机动车、机动车管理）不完善。

沙井村分类路段比较分析　　　　表3-30

要素	分类		详细内容	①区域	②区域	③区域	整体情况
自然监视-S	F	S-1	视频监控及报警设备	◐	◐	◐	◐
		S-2	照度、照明连续性	◐	○	○	○
		S-3	布置各类活动设施	◐	◐	◐	◐
	PS	S-4	无可藏身空间及视线盲区	◐	◐	◐	◐

续表

要素	分类		详细内容	①区域	②区域	③区域	整体情况
自然监视 -S	PS	S-5	壁画、雕塑、墙体喷漆	●	◐	◐	◐
	OM	S-6	女性安心守护店	○	○	○	○
访问控制 -C	F	C-1	防盗、安全设施	○	○	○	○
		C-2	门禁许可权认证系统	◐	◐	◐	◐
	PS	C-3	明确入口,有访客独立停车场	●	◐	◐	◐
	OM	C-4	避免突出物外露,禁止通行标识	○	○	○	○
区域性 -T	F	T-1	增加领域标识,明确私人领域	◐	●	●	●
		T-2	合理布局商业、公共设施	◐	◐	◐	◐
	PS	T-3	胡同宽度(≥2m)	◐	◐	○	◐
		T-4	颜色、材质、铺装、尺度区分区域	◐	◐	◐	◐
	OM	T-5	住区、学校、公交站路线的安全感	●	●	●	●
活动支持 -A	F	A-1	户外设施及开放性	◐	◐	○	○
		A-2	公告栏、宣传栏;各类地图	●	●	●	◐
	PS	A-3	各年龄段的室内活动室	◐	◐	◐	◐
	OM	A-4	咖啡馆、餐厅、便利店、洗衣房	◐	○	○	○
		A-5	增加居民活动	◐	●	●	●
维护管理 -M	F	M-1	活动、休闲设施、设备系统维护	◐	○	○	○
	PS	M-2	景观、建筑、环境维护	◐	◐	◐	◐
	OM	M-3	来访人员、车辆登记,巡逻安保	●	◐	◐	◐
		M-4	非机动车、机动车管理	○	○	○	○

"●"良好 "◐"一般 "○"不良

3.4 小结

四个老旧小区CPTED要素运用情况,永庆坊CPTED现状最好,其次为大芬村,再次为共和村,沙井村CPTED现状最差。从案例地区平面特征来看,平面布局越简单的老旧小区,存在的安全问题越少。平面布局最复杂,多曲线型街道的沙井村,安全设施、活动设施、物理空间潜在的安全问题是最多的。

沙井村现状差的原因主要体现在设施物方面，除主街外仅 1m 的狭窄内巷均缺少照明设施，增加了夜晚行人出行的不安全感，同时狭窄的巷子存在消防隐患，凸凹错落的立面和年久失修的防盗设施增加了爬窗闯入室内的风险；运营维护管理方面，缺少生活所需的洗衣店、商店等商业设施的维护和管理，生活便捷性差，社区吸引力及凝聚力降低，造成人口流动频繁，难以形成社区共同体，加重安全问题，产生恶性循环。

共和村现状差的原因主要体现在物理空间，缺少可以形成公共空间的公共艺术，供各年龄段娱乐、活动、休闲的活动室，除上下班和买菜的时间街上人烟稀少，难以产生公共活动；缺少对景观和建筑的维护，长此以往易形成破窗效应。运营维护管理方面缺少守护晚归女性的安心守护店，以及居民活动室。

大芬村现状差的原因主要体现在运营维护管理方面，缺少守护晚归女性对潜在犯罪分子产生被动监视的安心守护店，乱停的货车和堆砌的废弃画材，阻碍视线带来夜晚安全隐患，易形成破窗效应；缺少立面整治，访问阻止标识的设置，有私人领地被入侵的风险。

永庆坊现状差的原因主要体现在机动车和非机动车的管理不善，无停车场，乱停放的非机动车遍布园区。

综上所述，有 11 项要素内容存在较为严重的安全问题。具体是设施类 2 个：C-1、A-1；物理空间类 5 个：S-5、C-3、T-3、T-4、A-3；运营维护管理类 4 个：S-6、C-4、A-4、M-4（表 3-31）。为了验证案例研究结果的客观性，进行了专家和居民调查。另外，居民参与部分、维护管理 M-5（业主委员会、居委会、物业的管理）要素内容，通过案例调查未获得有效信息，将通过居民问卷调查进行研究。

案例调查结果　　　　　　　　　表3-31

分类		详细内容	存在的安全问题
设施物FF	S-1	视频监控及报警设备	●
	S-2	照度、照明连续性	◐
	S-3	布置各类活动设施	◐
	C-1	防盗、安全设施	○
	C-2	门禁许可权认证系统	◐
	T-1	增加领域标识，明确私人领域	◐
	T-2	合理布局商业、公共设施	●
	A-1	户外设施及开放性	○

续表

分类		详细内容	存在的安全问题
设施物FF	A-2	公告栏、宣传栏；各类地图	◐
	M-1	活动、休闲设施、设备系统维护	◐
物理空间PS	S-4	无可藏身空间及视线盲区	◐
	S-5	壁画、雕塑、墙体喷漆	○
	C-3	明确入口，有访客独立停车场	○
	T-3	胡同宽度（≥2m）	○
	T-4	颜色、材质、铺装、尺度区分区域	○
	A-3	各年龄段的室内活动室	○
	M-2	景观、建筑、环境维护	◐
运营维护管理OM	S-6	女性安心守护店	○
	C-4	避免突出物外露，禁止通行标识	○
	A-4	咖啡馆、餐厅、便利店、洗衣房	○
	T-5	住区、学校、公交站路线的安全感	●
	M-3	来访人员、车辆登记，巡逻安保	◐
	M-4	非机动车、机动车管理	○
	A-5	增加居民活动	◐

"●"良好　"◐"一般　"○"不良

第四章 研究验证

4.1 专家调查

4.1.1 调查概要

为了验证案例调查的结果，本节以（表3-1）分析框架为案例调查框架，进行了专家权重性意见调查，并用 IBM SPSS Statistics 23 进行了信度分析。2021年3~4月通过电话采访、面对面、邮件等方式，调查包括教授、研究人员、设计师和地产商在内的162名专家（表4-1）。调查内容包括受访者性别、年龄、工作领域、CPTED 要素权重性（表4-2）。

62人中，男性占74.19%（46人），女性占25.81%（16人），年龄方面，20~29岁占3.23%（2人），30~39岁占51.61%（32人），40~49岁占29.03%（18人），50~59岁占16.13%（10人）。职业方面，教授占41.94%（26人），研究人员占29.03%（18人），设计师占22.58%（14人），地产商占6.45%（4人）。从业经验方面，5年以下占12.9%（8人），6~10年占25.81%（16人），11~15年占35.48%（22人），16~20年占3.23%（2人），21~25年占6.45%（4人），26年以上占16.13%（10人）。

专家一般信息　　　　　　表4-1

	分类	频率（N）	百分比（%）
性别	男	46	74.19
	女	16	25.81
	小计	62	100.0
年龄	20~29岁	2	3.23
	30~39岁	32	51.61
	40~49岁	18	29.03
	50~59岁	10	16.13
	60岁以上	0	0
	小计	62	100.0

续表

分类		频率（N）	百分比（%）
职业	教授	26	41.94
	研究人员	18	29.03
	设计师	14	22.58
	地产商	4	6.45
	小计	62	100.0
从业经验	5年以下	8	12.9
	6~10年	16	25.81
	11~15年	22	35.48
	16~20年	2	3.23
	21~25年	4	6.45
	26年以上	10	16.13
	小计	62	100.0

专家调查项目　　　　　　　　　　表4-2

分类		项目数
一般信息		4
权重性调查	CPTED-S	6
	CPTED-C	4
	CPTED-T	5
	CPTED-A	5
	CPTED-M	5
	CPTED-P	3
重要性排序		2
合计		34

4.1.2 信度分析

用工具 IBM SPSS Statistics 23 进行了信度分析❶，得到每个元素的克隆

---

❶ 信度分析：总量表的信度系数最好在0.8以上，系数在0.7~0.8具有一致性，系数如果在0.6以下则为不一致。

巴赫 Alpha 系数，以了解每个元素的可信度。信度分析表明，自然监视信度为 0.729，访问控制信度为 0.810，领域性信度为 0.766，活动支持信度为 0.786，维护管理信度为 0.795，居民参与信度为 0.798，总体信度为 0.922，具有较高的信度，见表 4-3。

信度分析结果　　　　　　　　　　　表4-3

分类	调查项目数	克隆巴赫Alpha
自然监视-S	6	0.729
访问控制-C	4	0.810
领域性-T	5	0.766
活动支持-A	5	0.786
维护管理-M	5	0.795
居民参与-P	3	0.798
总体	28	0.922

校正项总计统计❶。删除自然监视系数最低项 S-3 后，值为 0.754。删除访问控制系数最低项 C-3（明确入口，有访客独立停车场）后，值为 0.840。删除领域性系数最低项 T-5（住区、学校、公交站路线的安全感）后，值为 0.781。删除活动支持系数最低项 A-5（增加居民活动）后，值为 0.771。删除维护管理系数最低项 M-1（活动、休闲设施、设备系统维护）后，值为 0.812。删除居民参与系数最低项 P-3（开展犯罪预防、安全教育活动）后，值为 0.898。如果分析项被删除后信度系数明显上升，意味着该项应该被删除更合理。校正项总计统计结果表明，删除项后信度系数无明显上升，说明结构化问卷设计合理，见表 4-4。

校正项总计统计　　　　　　　　　　表4-4

项		修正后的项与总计相关性	删除项后的克隆巴赫 Alpha
自然监视-S	S-1	0.388	0.713
	S-2	0.745	0.622
	S-3	0.230	0.754
	S-4	0.677	0.623

---

❶ 校正项总计统计：信度分析中，校正项总计相关性（CITC）和项已删除的 α 系数这两个指标，用于辅助判断量表题目是否应该进行修正处理。

续表

项		修正后的项与总计相关性	删除项后的克隆巴赫 Alpha
自然监视-S	S-5	0.433	0.706
	S-6	0.395	0.711
访问控制-C	C-1	0.745	0.724
	C-2	0.590	0.791
	C-3	0.535	0.840
	C-4	0.774	0.683
领域性-T	T-1	0.536	0.727
	T-2	0.652	0.681
	T-3	0.559	0.716
	T-4	0.629	0.689
	T-5	0.333	0.781
活动支持-A	A-1	0.756	0.693
	A-2	0.501	0.769
	A-3	0.519	0.766
	A-4	0.635	0.733
	A-5	0.492	0.771
维护管理-M	M-1	0.370	0.812
	M-2	0.484	0.785
	M-3	0.667	0.726
	M-4	0.830	0.656
	M-5	0.582	0.756
居民参与-P	P-1	0.673	0.682
	P-2	0.716	0.575
	P-3	0.276	0.898

4.1.3 CPTED 要素内容的重要度评价

六要素的权重性分析表明，居民参与权重最高，为 0.177，其次是访问控制，为 0.176，最低是活动支持，为 0.150，见表 4-5。

六要素权重分析结果　　　　　　　　　　　表4-5

已选定元素（因子）	平均综合得分	权重	优先级
自然监视-S	5.51	0.167	4
访问控制-C	5.81	0.176	2
区域性-T	5.26	0.160	5
活动支持-A	4.94	0.150	6
维护管理-M	5.60	0.170	3
居民参与-P	5.82	0.177	1

S 16.7%
C 17.6%
T 16.0%
A 15.0%
M 17.0%
P 17.7%

1. 自然监视

自然监视6个详细内容之间的权重分析表明，S-1（视频监控及报警设备）最高，为0.218；S-2（照度、照明连续性），为0.217，S-3（布置各类活动设施），为0.153，S-4（无可藏身空间及视线盲区），为0.149，S-6（女性安心守护店），为0.142；最低是S-5（壁画、雕塑、墙体喷漆），为0.121，见表4-6。

自然监视权重分析结果　　　　　　　　　　　表4-6

	分类	得分	权重	优先级
S-1	视频监控及报警设备	7.2	0.218	1
S-2	照度、照明连续性	7.17	0.217	2
S-3	布置各类活动设施	5.05	0.153	3
S-4	无可藏身空间及视线盲区	4.92	0.149	4
S-5	壁画、雕塑、墙体喷漆	4.0	0.121	6
S-6	女性安心守护店	4..69	0.142	5
	总计	33.03	1.000	

S-1 21.8%
S-2 21.7%
S-3 15.3%
S-4 14.9%
S-5 12.1%
S-6 14.2%

2. 访问控制

访问控制4个详细内容之间的权重分析表明，C-1（防盗、安全设施）最高，为0.269；其次分别是C-2（门禁许可权认证系统），为0.264，C-4（避免突出物外露，禁止通行标识），为0.239；最低是C-3（明确入口，有访客独立停车场），为0.228，见表4-7。

访问控制权重分析结果　　　　　　　　表4-7

分类		得分	权重	优先级
C-1	防盗、安全设施	6.26	0.269	1
C-2	门禁许可权认证系统	6.13	0.264	2
C-3	明确入口，有访客独立停车场	5.29	0.228	4
C-4	避免突出物外露，禁止通行标识	5.55	0.239	3
合计		23.23	1.000	

C-1 26.9%
C-2 26.4%
C-3 22.8%
C-4 23.9%

3. 领域性

领域性5个详细内容之间的权重分析表明，T-5（住区、学校、公交站路线的安全感）最高，为0.226；其次分别是T-1（增加领域标识，明确私人领域），为0.216，T-2（合理布局商业、公共设施），为0.191，T-3（胡同宽度（≥2m）），为0.186；最低是T-4（颜色、材质、铺装、尺度区分区域），为0.181，见表4-8。

领域性权重分析结果　　　　　　　　表4-8

分类		得分	权重	优先级
T-1	增加领域标识，明确私人领域	5.68	0.216	2
T-2	合理布局商业、公共设施	5.03	0.191	3
T-3	胡同宽度（≥2m）	4.9	0.186	4
T-4	颜色、材质、铺装、尺度区分区域	4.74	0.181	5
T-5	住区、学校、公交站路线的安全感	5.94	0.226	1
总计		26.29	1.000	

T-1 21.6%
T-2 19.1%
T-3 18.6%
T-4 18.1%
T-5 22.6%

4. 活动支持

活动支持5个详细内容之间的权重分析表明，A-1（户外设施及开放性）最高，为0.213；其次分别是A-2（公告栏、宣传栏；各类地图），为0.207，A-4（咖啡馆、餐厅、便利店、洗衣房），为0.205，A-3（各年龄段的室内活动室），为0.195；最低是A-5（增加居民活动），为0.180，见表4-9。

活动支持权重分析结果 表4-9

分类		得分	权重	优先级
A-1	户外设施及开放性	5.26	0.213	1
A-2	公告栏、宣传栏；各类地图	5.1	0.207	2
A-3	各年龄段的室内活动室	4.81	0.195	4
A-4	咖啡馆、餐厅、便利店、洗衣房	5.06	0.205	3
A-5	增加居民活动	4.45	0.180	5
总计		24.68	1.000	

A-1 21.3%
A-2 20.7%
A-3 19.5%
A-4 20.5%
A-5 18.0%

5. 维护管理

维护5个详细内容之间的权重分析表明，M-5（业主委员会、居委会、物业的管理）最高，为0.218；其次分别是M-3（来访人员、车辆登记，巡逻安保），为0.202，M-2（景观、建筑、环境维护），为0.197，M-1（活动、休闲设施、设备系统维护），为0.195；最低是M-4（非机动车、机动车管理），为0.188，见表4-10。

维护管理权重分析结果 表4-10

分类		得分	权重	优先级
M-1	活动、休闲设施、设备系统维护	5.45	0.195	4
M-2	景观、建筑、环境维护	5.52	0.197	3
M-3	来访人员、车辆登记，巡逻安保	5.65	0.202	2
M-4	非机动车、机动车管理	5.26	0.188	5
M-5	业主委员会、居委会、物业的管理	6.1	0.218	1
总计		27.98	1.000	

M-1 19.5%
M-2 19.7%
M-3 20.2%
M-4 18.8%
M-5 21.8%

6. 居民参与

居民参与 3 个详细内容之间的权重分析表明，P-1（居民自助组织，参与住区管理）最高，为 0.336；其次是 P-2（居民交流，多方沟通），为 0.333；最低是 P-3（开展犯罪预防、安全教育活动），为 0.331，见表 4-11。

维护管理权重分析结果　　　　　　　　　　表4-11

分类		得分	权重	优先级	
P-1	居民自助组织，参与住区管理	5.87	0.336	1	P-1　33.6%
P-2	居民交流，多方沟通协作	5.81	0.333	2	P-2　33.3%
P-3	开展犯罪预防、安全教育活动	5.77	0.331	3	P-3　33.1%
总计		17.45	1.000		

4.1.4　专家分析结果

通过专家权重性调查，分析了 CPTED 6 个要素和要素详细内容（自然监视 6 个，访问控制 4 个，领域性 5 个，活动支持 5 个，维护管理 5 个，居民参与 3 个）的权重。以及各要素的重要性排序，28 个详细内容之间的复合权重，通过乘以 6 个元素权重和每个元素评估指标的权重来计算。

复合权重分析最高 10 项依次是 P-1（居民自助组织，参与住区管理），为 0.0595，P-2（居民交流，多方沟通协作），为 0.0589，P-3（开展犯罪预防、安全教育活动），为 0.0586，C-1（防盗、安全设施），为 0.0473，C-2（门禁许可权认证系统），为 0.0465，C-3（明确入口，有访客独立停车场），为 0.0421，C-4（避免突出物外露，禁止通行标识），为 0.0401，M-5（业主委员会、居委会、物业的管理），为 0.0371。S-1（视频监控及报警设备）为 0.0364，S-2（照度、照明连续性），为 0.0362。复合权重分析最低的是 S-5（壁画、雕塑、墙体喷漆），仅为 0.0202，见表 4-12。

复合权重分析结果　　　　　　　　　　表4-12

元素	权重	得分	详细内容	权重	优先级	复合权重	综合优先级
自然监视-S	0.167	45.51	S-1	0.218	1	0.0364	9
			S-2	0.217	2	0.0362	10

续表

元素	权重	得分	详细内容	权重	优先级	复合权重	综合优先级
自然监视-S	0.167	45.51	S-3	0.153	6	0.0256	25
			S-4	0.149	5	0.0249	26
			S-5	0.121	3	0.0202	28
			S-6	0.142	4	0.0237	27
访问控制-C	0.176	25.81	C-1	0.269	1	0.0473	4
			C-2	0.264	2	0.0465	5
			C-3	0.228	4	0.0421	6
			C-4	0.239	3	0.0401	7
领域性-T	0.16	55.26	T-1	0.216	2	0.0346	12
			T-2	0.191	3	0.0306	20
			T-3	0.186	4	0.0298	21
			T-4	0.181	5	0.0288	23
			T-5	0.226	1	0.0362	11
活动支持-A	0.15	64.94	A-1	0.213	1	0.0320	17
			A-2	0.207	2	0.0311	18
			A-3	0.195	4	0.0293	22
			A-4	0.205	3	0.0308	19
			A-5	0.180	5	0.0270	24
维护管理-M	0.17	35.6	M-1	0.195	4	0.0332	15
			M-2	0.197	3	0.0335	14
			M-3	0.202	2	0.0345	13
			M-4	0.188	5	0.0320	16
			M-5	0.218	1	0.0371	8
居民参与-P	0.177	15.82	P-1	0.336	1	0.0595	1
			P-2	0.333	2	0.0589	2
			P-3	0.331	3	0.0586	3
总计	1		总计	6.000		1.0000	

注：复合加权值=各要素加权值×评价指标加权值。

4.2 居民调查

4.2.1 调查概要

为了验证案例调查的结果,本节以(表 3-1)案例调查框架为分析框架,对老旧小区进行了居民安全感和 CPTED 现状满意度调查,为第五章的结论提供数据支持。许多作者(例如 Diener 等人[1]; Lucas 和 Donnellan[2])的研究,包括享乐心理学派在内的许多心理学家都提供了证据,证明单项生活满意度测量方法作为一种回顾性主观经验测量方法的有效性。本研究资料回收后,将进行资料分析,并采用统计方法来进行数据分析。

2021.01.11~2021.02.10,进行了为期 4 周的居民调查,通过走访面谈调查、网络调查等方式,深度调研了共和村、永庆坊、大芬村和沙井村 4 个村的 224 名居民。共收集问卷 224 份,其中有效问卷 188 份,见表 4-13。共和村共收集问卷 50 份,其中有效问卷 46 份。永庆坊共收集问卷 70 份,其中有效问卷 56 份。大芬村共收集问卷 82 份问卷,其中有效问卷 66 份。沙井村共收集问卷 22 份,其中有效问卷 20 份。调查内容包括受访者性别、年龄、工作领域,居民安全感调查和 CPTED 现状满意度调查,见表 4-14。

调查概述　　　　　　　　　　　　　　　　表4-13

分类	内容
数据收集工具	结构化问卷
调查方法	实地考察,1对1面谈走访调查
调查对象	共和村、永庆坊、大芬村、沙井村居民
问卷总数/有效问卷	共和村(50/46)、永庆坊(70/56)、大芬村(82/66)、沙井村(22/20)
调查时间	2021.01.11~2021.02.10
调查人员	6人

居民调查项目　　　　　　　　　　　　　　表4-14

分类		项目数
一般信息		7
居民安全调查		7
满意度调查	CPTED-S	6
	CPTED-C	4

---

[1] Diener E, Inglehart R F, Tay L .Theory and Validity of Life Satisfaction Scales[J].Social Indicators Research, 2012, 112(3).

[2] Lucas R E, Donnellan M B .Estimating the Reliability of Single-Item Life Satisfaction Measures: Results from Four National Panel Studies[J].Social Indicators Research, 2012, 105(3):323-331.

续表

分类		项目数
满意度调查	CPTED-T	5
	CPTED-A	5
	CPTED-M	5
	CPTED-P	3
主观题		7
合计		49

调查中，男性占40.43%（76人），女性占59.57%（112人）。年龄方面，20~29岁占28.72%（54人），年龄30~39岁占25.53%（48人），40~49岁占15.96%（30人），50~59岁占13.83%（26人），60岁以上占15.96%（30人）。职业方面，职员、公务员占32.97%（62人），村民占6.38%（12人），个体经营者占9.57%（18人），专业技术人员占8.51%（16人），自由职业占11.7%（22人），学生或无业人员占12.77%（24人），其他占18.9%（34人）。与家人同住方面，与1位家人同住占21.28%（40人），与2位家人同住占26.59%（50人），与3~4位家人同住占44.68%（84人），与5位家人同住占7.45%（14人）。在小区居住的时长方面，已居住1~5年占19.15%（36人），已居住6~10年占19.15%（36人），已居住11~15年占7.45%（7人），已居住16~20年占19.15%（36人），已居住21年以上占35.10%（66人）。计划继续居住的时长方面，居住1~5年占12.77%（24人），居住6~10年占4.26%（8人），居住11~15年占3.18%（6人），居住16年以上占2.13%（4人），一直居住占46.80%，（88人），不确定占30.85%（58人）。房租所有形式，房主占57.45%（108人），租赁占42.55%（80人），见表4-15。

居民一般信息　　　　　　　　　　　　　　　表4-15

分类		频率（N）	百分比（%）
性别	男	76	40.43
	女	112	59.57
	小计	188	100.0
年龄	20-29岁	54	28.72
	30-39岁	48	25.53
	40-49岁	30	15.96
	50-59岁	26	13.83
	60岁以上	30	15.96
	小计	188	100.0

续表

分类		频率（N）	百分比（%）
职业	职员/公务员	62	32.97
	村民	12	6.38
	个体经营者	18	9.57
	专业技术人员	16	8.51
	自由职业	22	11.7
	学生/无业人员	24	12.77
	其他	34	18.09
	小计	188	100.0
每户居住人数	1位	40	21.28
	2位	50	26.59
	3~4位	84	44.68
	5位以上	14	7.45
	小计	188	100.0
小区居住时间	1~5年	36	19.15
	6~10年	36	19.15
	11~15年	14	7.45
	16~20年	36	19.15
	21年以上	66	35.10
	小计	188	100.0
计划继续居住时间	1~5年	24	12.77
	6~10年	8	4.26
	11~15年	6	3.19
	16年以上	4	2.13
	继续住下去	88	46.80
	不确定	58	30.85
	小计	188	100.0
房屋所有形式	房主	108	57.45
	租赁	80	42.55
	小计	188	100.0

4.2.2 信度分析

用工具 IBM SPSS Statistics 23 进行了信度分析，得到每个元素的 Cronbach's Alpha 系数，以了解每个项的可信度。信度分析表明，安全感评价信度为 0.932，自然监视信度为 0.932，访问控制信度为 0.926，领域性信度为 0.902，活动支持信度为 0.936，维护管理信度为 0.945，居民参与信度为 0.910，总体信度为 0.983，具有较高的信度，见表 4-16。

信度分析结果　　　　　　　　　　表4-16

分类	调查项目数	克隆巴赫Alpha
安全感评价	7	0.932
自然监视	6	0.932
访问控制	4	0.926
领域性	5	0.902
活动支持	5	0.936
维护管理	5	0.945
居民参与	3	0.910
CPTED六要素总体	28	0.983

校正项总计统计，删除系数最低项安全感评价后，值为 0.933。删除自然监视系数最低项 S-6（女性安心守护店）后，值为 0.925。删除访问控制系数最低项 C-1（防盗、安全设施）后，值为 0.918。删除领域性系数最低项 T-5（住区、学校、公交站路线的安全感）后，值为 0.907。删除活动支持系数最低项 A-2（公告栏、宣传栏；各类地图）后，值为 0.928。删除维护管理系数最低项 M-5（业主委员会、居委会、物业的管理）后，值为 0.936。删除居民参与系数最低项 P-2（居民交流，多方沟通协作）后，值为 0.887。校正项总计统计结果表明，删除项后信度系数无明显上升，说明结构化问卷设计合理，见表 4-17。

校正项总计统计　　　　　　　　　表4-17

项			修正后的项与项总计相关性	删除项后的克隆巴赫 Alpha
安全感评价	1	白天在街巷独行	0.651	0.933
	2	夜晚在街巷独行	0.871	0.913
	3	在小区的人身安全	0.794	0.921
	4	外出时的家里安全	0.830	0.917
	5	停放在小区的非机动车	0.811	0.920

续表

项			修正后的项与项总计相关性	删除项后的克隆巴赫 Alpha
安全感评价	6	外来流动人口、陌生人	0.812	0.919
	7	娱乐设施的安全性	0.718	0.927
自然监视	S-1	视频监控及报警设备	0.829	0.916
	S-2	照度、照明连续性	0.769	0.923
	S-3	布置各类活动设施	0.841	0.915
	S-4	无可藏身空间及视线盲区	0.839	0.915
	S-5	壁画、雕塑、墙体喷漆	0.784	0.923
	S-6	女性安心守护店	0.756	0.925
访问控制	C-1	防盗、安全设施	0.780	0.918
	C-2	门禁许可权认证系统	0.822	0.905
	C-3	明确入口，有访客独立停车场	0.871	0.888
	C-4	避免突出物外露，禁止通行标识	0.836	0.900
领域性	T-1	增加领域标识，明确私人领域	0.791	0.874
	T-2	合理布局商业、公共设施	0.810	0.870
	T-3	胡同宽度（≥2m）	0.762	0.880
	T-4	颜色、材质、铺装、尺度区分区域	0.802	0.871
	T-5	住区、学校、公交站路线的安全感	0.625	0.907
活动支持	A-1	户外设施及开放性	0.807	0.926
	A-2	公告栏、宣传栏；各类地图	0.801	0.928
	A-3	各年龄段的室内活动室	0.844	0.919
	A-4	咖啡馆、餐厅、便利店、洗衣房	0.820	0.923
	A-5	增加居民活动	0.887	0.911
维护管理	M-1	活动、休闲设施、设备系统维护	0.867	0.929
	M-2	景观、建筑、环境维护	0.871	0.928
	M-3	来访人员、车辆登记，巡逻安保	0.844	0.933
	M-4	非机动车、机动车管理	0.845	0.933
	M-5	业主委员会、居委会、物业的管理	0.828	0.936
居民参与	P-1	居民自助组织，参与住区管理	0.828	0.864
	P-2	居民交流，多方沟通协作	0.803	0.887
	P-3	开展犯罪预防、安全教育活动	0.834	0.858

4.2.3 CPTED 要素内容的重要度评价

对共和村、永庆坊、大芬村和沙井村的 CPTED 6 个要素和要素详细内容（自然监视 6 个，访问控制 4 个，领域性 5 个，活动支持 5 个，维护管理 5 个，居民参与 3 个）进行了调查。

共和村 6 要素中得分最低的要素是维护管理，为 2.53 分。详细内容得分最低的 8 项依次是 T-3[胡同宽度（≥2m）]、M-4（非机动车、机动车管理），为 2.22 分，A-1（户外设施及开放性）、A-3（各年龄段的室内活动室），为 2.26 分，T-4（颜色、材质、铺装、尺度区分区域），为 2.35 分，M-1（活动、休闲设施、设备系统维护），为 2.39 分，M-2（景观、建筑、环境维护）、C-3（明确入口，有访客独立停车场）、S-5（壁画、雕塑、墙体喷漆），为 2.43 分，见表 4-18。

共和村CPTED调查　　　　　　　表4-18

元素	平均分	排序		详细内容	得分	排序	整体排序
自然监视	2.69	4	S-1	视频监控及报警设备	2.91	5	24
			S-2	照度、照明连续性	3	6	27
			S-3	布置各类活动设施	2.57	2	13
			S-4	无可藏身空间及视线盲区	2.65	4	16
			S-5	壁画、雕塑、墙体喷漆	2.43	1	7
			S-6	女性安心守护店	2.57	2	13
访问控制	2.565	2	C-1	防盗、安全设施	2.78	4	18
			C-2	门禁许可权认证系统	2.57	3	13
			C-3	明确入口，有访客独立停车场	2.43	1	7
			C-4	避免突出物外露，禁止通行标识	2.48	2	7
领域性	2.74	6	T-1	增加领域标识，明确私人领域	2.83	4	21
			T-2	合理布局商业、公共设施	2.65	3	16
			T-3	胡同宽度（≥2m）	2.22	1	1
			T-4	颜色、材质、铺装、尺度区分区域	2.35	2	5
			T-5	住区、学校、公交站路线的安全感	3.65	5	28
活动支持	2.566	3	A-1	户外设施及开放性	2.26	1	3
			A-2	公告栏、宣传栏；各类地图	2.96	3	26

续表

元素	平均分	排序		详细内容	得分	排序	整体排序
活动支持	2.566	3	A-3	各年龄段的室内活动室	2.26	1	3
			A-4	咖啡馆、餐厅、便利店、洗衣房	2.83	4	22
			A-5	增加居民活动	2.52	2	12
维护管理	2.53	1	M-1	活动、休闲设施、设备系统维护	2.39	2	6
			M-2	景观、建筑、环境维护	2.43	3	7
			M-3	来访人员、车辆登记，巡逻安保	2.78	4	18
			M-4	非机动车、机动车管理	2.22	1	1
			M-5	业主委员会、居委会、物业的管理	2.83	5	22
居民参与	2.72	5	P-1	居民自助组织，参与住区管理	2.48	1	7
			P-2	居民交流，多方沟通协作	2.91	3	24
			P-3	开展犯罪预防、安全教育活动	2.78	2	18
总平均分	2.64						

永庆坊6要素中得分最低的要素是领域性，为3.62分。详细内容得分最低的8项依次是T-3[胡同宽度（≥2m）]、A-3（各年龄段的室内活动室），为3.43分，M-4（非机动车、机动车管理），为3.5分，S-3（布置各类活动设施）、T-4（颜色、材质、铺装、尺度区分区域），为3.54分，T-5（住区、学校、公交站路线的安全感），为3.57分，A-2（公告栏、宣传栏；各类地图），为3.61分，S-4（无可藏身空间及视线盲区），为3.64分，见表4-19。

永庆坊CPTED调查　　　　表4-19

元素	平均分	排序		详细内容	得分	排序	整体排序
自然监视	3.71	3	S-1	视频监控及报警设备	3.75	4	18
			S-2	照度、照明连续性	3.68	3	9
			S-3	布置各类活动设施	3.54	1	4
			S-4	无可藏身空间及视线盲区	3.64	2	8
			S-5	壁画、雕塑、墙体喷漆	3.86	6	21
			S-6	女性安心守护店	3.79	5	19
访问控制	3.81	6	C-1	防盗、安全设施	4	4	27

续表

元素	平均分	排序		详细内容	得分	排序	整体排序
访问控制	3.81	6	C-2	门禁许可权认证系统	3.68	1	9
			C-3	明确入口，有访客独立停车场	3.86	3	21
			C-4	避免突出物外露，禁止通行标识	3.71	2	15
领域性	3.62	1	T-1	增加领域标识，明确私人领域	3.86	5	21
			T-2	合理布局商业、公共设施	3.71	4	15
			T-3	胡同宽度（≥2m）	3.43	1	1
			T-4	颜色、材质、铺装、尺度区分区域	3.54	2	4
			T-5	住区、学校、公交站路线的安全感	3.57	3	6
活动支持	3.77	5	A-1	户外设施及开放性	4	5	27
			A-2	公告栏、宣传栏；各类地图	3.61	2	7
			A-3	各年龄段的室内活动室	3.43	1	1
			A-4	咖啡馆、餐厅、便利店、洗衣房	3.96	4	26
			A-5	增加居民活动	3.86	3	21
维护管理	3.70	2	M-1	活动、休闲设施、设备系统维护	3.89	5	25
			M-2	景观、建筑、环境维护	3.68	2	9
			M-3	来访人员、车辆登记，巡逻安保	3.71	4	15
			M-4	非机动车、机动车管理	3.5	1	3
			M-5	业主委员会、居委会、物业的管理	3.68	2	9
居民参与	3.72	4	P-1	居民自助组织，参与住区管理	3.68	1	9
			P-2	居民交流，多方沟通协作	3.79	2	19
			P-3	开展犯罪预防、安全教育活动	3.68	1	9
总平均分	3.72						

大芬村6要素中得分最低的要素是维护管理，为3.71分。详细内容得分最低的9项依次是A-3（各年龄段的室内活动室），为3.39分，T-3[胡同宽度（≥2m）]，为3.58分，A-4（咖啡馆、餐厅、便利店、洗衣房）、M-4（非机动车、机动车管理）、M-5（业主委员会、居委会、物业的管理），为3.64，C-4（避免突出物外露，禁止通行标识），为3.7分，C-3（明确入口，有访客独立停车场）、M-1（活动、休闲设施、设备系统维护），为3.73分，见表4-20。

大芬村CPTED调查　　　表4-20

元素	平均分	排序		详细内容	得分	排序	整体排序
自然监视	3.92	6	S-1	视频监控及报警设备	3.85	2	15
			S-2	照度、照明连续性	3.85	2	15
			S-3	布置各类活动设施	3.76	1	9
			S-4	无可藏身空间及视线盲区	3.88	4	21
			S-5	壁画、雕塑、墙体喷漆	4.12	6	28
			S-6	女性安心守护店	4.06	5	27
访问控制	3.83	5	C-1	防盗、安全设施	4.03	4	26
			C-2	门禁许可权认证系统	3.85	3	15
			C-3	明确入口，有访客独立停车场	3.73	2	7
			C-4	避免突出物外露，禁止通行标识	3.7	1	6
领域性	3.814	4	T-1	增加领域标识，明确私人领域	3.79	2	12
			T-2	合理布局商业、公共设施	3.88	3	21
			T-3	胡同宽度（≥2m）	3.58	1	2
			T-4	颜色、材质、铺装、尺度区分区域	3.88	3	21
			T-5	住区、学校、公交站路线的安全感	3.94	5	24
活动支持	3.73	2	A-1	户外设施及开放性	3.79	3	12
			A-2	公告栏、宣传栏；各类地图	4	5	25
			A-3	各年龄段的室内活动室	3.39	1	1
			A-4	咖啡馆、餐厅、便利店、洗衣房	3.64	2	3
			A-5	增加居民活动	3.85	4	15
维护管理	3.71	1	M-1	活动、休闲设施、设备系统维护	3.73	3	7
			M-2	景观、建筑、环境维护	3.79	5	12
			M-3	来访人员、车辆登记、巡逻安保	3.76	4	9
			M-4	非机动车、机动车管理	3.64	1	3
			M-5	业主委员会、居委会、物业的管理	3.64	1	3
居民参与	3.81	3	P-1	居民自助组织，参与住区管理	3.76	1	9
			P-2	居民交流，多方沟通协作	3.85	3	15
			P-3	开展犯罪预防、安全教育活动	3.82	2	15
总平均分	3.80						

沙井村6要素中得分最低的要素是维护管理，为2.56分。详细内容得分最低的11项依次是A-4（咖啡馆、餐厅、便利店、洗衣房），为2.4分，S-5（壁画、雕塑、墙体喷漆）、A-5（增加居民活动）、M-1（活动、休闲设施、设备系统维护）、M-3（来访人员、车辆登记，巡逻安保）、M-4（非机动车、机动车管理），为2.5分，S-1（视频监控及报警设备）、T-4（颜色、材质、铺装、尺度区分区域）、A-1（户外设施及开放性）、A-3（各年龄段的室内活动室）、P-3（开展犯罪预防、安全教育活动），为2.6分，见表4-21。

沙井村CPTED调查　　　　　　表4-21

元素	平均分	排序		详细内容	得分	排序	整体排序
自然监视	2.75	4	S-1	视频监控及报警设备	2.6	2	7
			S-2	照度、照明连续性	2.8	3	16
			S-3	布置各类活动设施	2.9	5	21
			S-4	无可藏身空间及视线盲区	2.8	3	16
			S-5	壁画、雕塑、墙体喷漆	2.5	1	2
			S-6	女性安心守护店	2.9	5	21
访问控制	3	6	C-1	防盗、安全设施	2.9	1	1
			C-2	门禁许可权认证系统	3	2	24
			C-3	明确入口，有访客独立停车场	3	2	24
			C-4	避免突出物外露，禁止通行标识	3.1	4	27
领域性	2.78	5	T-1	增加领域标识，明确私人领域	2.7	2	13
			T-2	合理布局商业、公共设施	2.8	3	16
			T-3	胡同宽度（≥2m）	2.8	3	16
			T-4	颜色、材质、铺装、尺度区分区域	2.6	1	7
			T-5	住区、学校、公交站路线的安全感	3	5	24
活动支持	2.64	2	A-1	户外设施及开放性	2.6	3	7
			A-2	公告栏、宣传栏；各类地图	3.1	5	27
			A-3	各年龄段的室内活动室	2.6	3	7
			A-4	咖啡馆、餐厅、便利店、洗衣房	2.4	1	1
			A-5	增加居民活动	2.5	2	2
维护管理	2.56	1	M-1	活动、休闲设施、设备系统维护	2.5	1	2

续表

元素	平均分	排序	详细内容		得分	排序	整体排序
维护管理	2.56	1	M-2	景观、建筑、环境维护	2.6	4	7
			M-3	来访人员、车辆登记，巡逻安保	2.5	1	2
			M-4	非机动车、机动车管理	2.5	1	2
			M-5	业主委员会、居委会、物业的管理	2.7	5	13
居民参与	2.7	3	P-1	居民自助组织，参与住区管理	2.8	3	16
			P-2	居民交流，多方沟通协作	2.7	2	13
			P-3	开展犯罪预防、安全教育活动	2.6	1	7
总平均分	2.74						

4.2.4 居民安全感调查

安全感调查得分最低的是共和村，其次是沙井村、永庆坊，得分最高的是市政设施最为完善的大芬村。共和村外来流动人口、陌生人得分最低，为2.48分，停放在小区的非机动车得分2.61分。沙井村外来流动人口、陌生人得分最低，为3分。永庆坊外来流动人口、陌生人得分最低，为3.46分。安全感得分最高是大芬村，评分最低项为停放在小区的非机动车、娱乐设施的安全性最低，为3.73分，见表4-22。

安全感评价 表4-22

	分类	共和村		永庆坊		大芬村		沙井村	
		得分	排序	得分	排序	得分	排序	得分	排序
1	白天在街巷独行	3.87	1	4.18	1	4.3	1	4.2	1
2	夜晚在街巷独行	3.26	3	3.89	3	4.24	3	3.3	3
3	在小区的人身安全	3.52	2	4.04	2	4.3	1	4	2
4	外出时的家里安全	3	4	3.64	6	3.97	4	3.2	4
5	停放在小区的非机动车	2.61	6	3.86	4	3.73	6	3.1	5
6	外来流动人口、陌生人	2.48	7	3.46	7	3.97	4	3	7
7	娱乐设施的安全性	2.74	5	3.71	5	3.73	6	3.1	5
	平均分	3.07		3.83		4.03		3.41	

存在安全问题方面，4个老旧小区的街道垃圾、废弃物处置和人烟稀少的街道都有被提及。共和村、永庆坊和沙井村都有乱涂鸦被提及。共和村还有垃圾桶摆放不当、小区卫生环境差，违章建筑，活动交流空间较少等问题，不安全的租客所在区域、窄巷里监控设施不足的区域被提及。永庆坊有缺少垃圾桶、储物仓库的区域被提及。大芬村有垃圾分类差的区域、部分问题街巷被提及。沙井村有非机动车、窄巷的区域被提及，见表4-23。

安全脆弱地区词频　　　　　　　　　　　　表4-23

老旧小区	共和村/频率	永庆坊/频率	大芬村/频率	沙井村/频率
关键词频	街道垃圾×4	街道垃圾×5	街道垃圾×5	街道垃圾
	废弃物不管理×3	废弃物不管理×2	废弃物不管理×2	废弃物不管理
	人烟稀少的街道×2	人烟稀少的街道×3	人烟稀少的街道	人烟稀少的街道×3
	涂鸦区	涂鸦区	涂鸦区	非机动车
	垃圾桶摆放不当×2	少垃圾桶区域	无垃圾分类	窄巷×2
	小区卫生环境差×3	储物仓库×2	窄巷	
	违章建筑×3		物品	
	访客进出无登记×2		大丰喷画附近	
	防盗门无对讲系统		简贝六七巷	
	较少活动交流空间		老围东后面位置×2	
	不安全的租客		大芬简贝	
	窄巷里的监控		邮政代办点	
			一巷	

4.2.5 居民调查结果

居民调查的信度分析表明，问卷结果具有较高的信度。校正项总计统计结果表明，删除项后信度系数无明显上升，说明结构化问卷设计合理。居民调查中，安全感评分最低的是共和村，为3.12分。其次是沙井村，为3.14分。再次是永庆坊，为3.72分。评分最高的是大芬村，为3.80分。

共和村6要素中得分最低的要素是维护管理，为2.53分。详细内容得分最低的9项依次是T-3（胡同宽度（≥2m））、M-4（非机动车、机动车管理），为2.22分，A-1（户外设施及开放性）、A-3（各年龄段的室内活动室），为2.26分，T-4（颜色、材质、铺装、尺度区分区域），为2.35分，M-1

（活动、休闲设施、设备系统维护），为 2.39 分，M-2（景观、建筑、环境维护）、C-3（明确入口，有访客独立停车场）、S-5（壁画、雕塑、墙体喷漆），为 2.43 分。永庆坊 6 要素中得分最低的要素是领域性，为 3.62 分。详细内容得分最低的 8 项依次是 T-3[胡同宽度（≥2m）]、A-3（各年龄段的室内活动室），为 3.43 分，M-4（非机动车、机动车管理），为 3.5 分，S-3（布置各类活动设施）、T-4（颜色、材质、铺装、尺度区分区域），为 3.54 分，T-5（住区、学校、公交站路线的安全感），为 3.57 分，A-2（公告栏、宣传栏；各类地图），为 3.61 分，S-4（无可藏身空间及视线盲区），为 3.64 分。

大芬村 6 要素中得分最低的要素是维护管理，为 3.71 分。详细内容得分最低的 5 项依次是 A-3（各年龄段的室内活动室），为 3.39 分，T-3[胡同宽度（≥2m）]，为 3.58 分，A-4（咖啡馆、餐厅、便利店、洗衣房）、M-4（非机动车、机动车管理）、M-5（业主委员会、居委会、物业的管理），为 3.64 分。

沙井村 6 要素中得分最低的要素是维护管理，为 2.56 分。详细内容得分最低的 11 项依次是 A-4（咖啡馆、餐厅、便利店、洗衣房），为 2.4 分，S-5（壁画、雕塑、墙体喷漆）、A-5（增加居民活动）、M-1（活动、休闲设施、设备系统维护）、M-3（来访人员、车辆登记，巡逻安保）、M-4（非机动车、机动车管理），为 2.5 分，S-1（视频监控及报警设备）、T-4（颜色、材质、铺装、尺度区分区域）、A-1（户外设施及开放性）、A-3（各年龄段的室内活动室）、P-3（开展犯罪预防、安全教育活动），为 2.6 分。

通过 4 个老旧小区的平均分，得到分数最低的 10 个要素内容：S-4(PS)、S-5(PS)、C-3(PS)、C-4(OM)、T-3(PS)、T-4(OM)、A-1(FF)、A-3(PS)、M-1(FF)、M-4(OM) 为 CPTED 要素内容最薄弱区域，见表 4-24。

4个老旧小区的平均分　　　　　　　　　　表4-24

元素		详细内容	平均分	安全问题排序
自然监视	S-1	视频监控及报警设备	3.12	19
	S-2	照度、照明连续性	3.217	13
	S-3	布置各类活动设施	3.193	14
	S-4	无可藏身空间及视线盲区	3.11	21
	S-5	壁画、雕塑、墙体喷漆	3.017	27
	S-6	女性安心守护店	3.177	16
访问控制	C-1	防盗、安全设施	3.4275	2
	C-2	门禁许可权认证系统	3.14	17
	C-3	明确入口，有访客独立停车场	3.053	25

续表

元素		详细内容	平均分	安全问题排序
访问控制	C-4	避免突出物外露,禁止通行标识	3.093	22
领域性	T-1	增加领域标识,明确私人领域	3.31	6
	T-2	合理布局商业、公共设施	3.265	10
	T-3	胡同宽度(≥2m)	3.077	23
	T-4	颜色、材质、铺装、尺度区分区域	3.115	20
	T-5	住区、学校、公交站路线的安全感	3.53	1
活动支持	A-1	户外设施及开放性	3.025	26
	A-2	公告栏、宣传栏;各类地图	3.353	5
	A-3	各年龄段的室内活动室	2.825	18
	A-4	咖啡馆、餐厅、便利店、洗衣房	3.235	11
	A-5	增加居民活动	3.185	15
维护管理	M-1	活动、休闲设施、设备系统维护	3.06	24
	M-2	景观、建筑、环境维护	3.3	8
	M-3	来访人员、车辆登记,巡逻安保	3.417	3
	M-4	非机动车、机动车管理	3.12	19
	M-5	业主委员会、居委会、物业的管理	3.235	12
居民参与	P-1	居民自助组织,参与住区管理	3.307	7
	P-2	居民交流,多方沟通协作	3.38	4
	P-3	开展犯罪预防、安全教育活动	3.3	9

4.3 分析结果

专家调查结果权重性最高的10项,从高到低依次为:C-1(FF)、C-2(FF)、P-1(OM)、P-2(OM)、P-3(OM)、C-4(OM)、C-3(PS)、M-5(OM)、S-1(FF)、S-2(FF)。通过居民调查得到了4个老旧小区安全最薄弱10项要素内容,根据改造意愿的迫切性从高到低依次为:A-3(PS)、S-5(PS)、A-1(FF)、C-3(PS)、M-1(FF)、T-3(PS)、C-4(OM)、S-4(PS)、T-4(OM)、M-4(OM)。

通过将专家调查最重要的10个要素内容和居民调查10个安全最薄弱

的要素内容进行比较，发现只有访问控制的 C-3、C-4 两个要素是一致的，见表 4-25。

专家和居民调查分析结果　　　　表4-25

要素	分类		要素内容	重要要素内容 专家	重要要素内容 居民
自然监视-S	设施物FF	S-1	视频监控及报警设备	●	
		S-2	照度、照明连续性	●	
		S-3	布置各类活动设施		
	物理空间PS	S-4	无可藏身空间及视线盲区		●
		S-5	壁画、雕塑、墙体喷漆		●
	运营维护管理OM	S-6	女性安心守护店		
访问控制-C	设施物FF	C-1	防盗、安全设施	●	
		C-2	门禁许可权认证系统	●	
	物理空间PS	C-3	明确入口，有访客独立停车场	●	●
	运营维护管理OM	C-4	避免突出物外露，禁止通行标识	●	●
领域性-T	设施物FF	T-1	增加领域标识，明确私人领域		
		T-2	合理布局商业、公共设施		
	物理空间PS	T-3	胡同宽度（≥2m）		●
		T-4	颜色、材质、铺装、尺度区分区域		●
	运营维护管理OM	T-5	住区、学校、公交站路线的安全感		
活动支持-A	设施物FF	A-1	户外设施及开放性		●
		A-2	公告栏、宣传栏；各类地图		
	物理空间PS	A-3	各年龄段的室内活动室		●
	运营维护管理OM	A-4	咖啡馆、餐厅、便利店、洗衣房		
		A-5	增加居民活动		
维护管理-M	设施物FF	M-1	活动、休闲设施、设备系统维护		●
	物理空间PS	M-2	景观、建筑、环境维护		
	运营维护管理OM	M-3	来访人员、车辆登记、巡逻安保		
		M-4	非机动车、机动车管理		●

续表

要素	分类		要素内容	重要要素内容	
				专家	居民
维护-M	运营维护管理OM	M-5	业主委员会、居委会、物业的管理	●	
居民参与-P	运营维护管理OM	P-1	居民自助组织,参与住区管理	●	
		P-2	居民交流,多方沟通协作	●	
		P-3	开展犯罪预防、安全教育活动	●	

专家调查结果表明,访问控制的 4 项内容都非常重要,提高小区安全性、封闭式的访问控制最为重要;老旧小区的维护管理情况直接影响小区的安全性,也是非常重要的,这需要业主、居委会和物业管理三方共同努力协作,而居民的自主参与,才是最有效的,有效自然监视,视频监控和报警设施、照明安装情况是必须考虑的问题。进一步比较分析,专家调查 10 个最重要的要素里,设施物(4 个),物理空间(1 个),运营维护管理(5 个)最为重要。居民安全最薄弱的要素内容设施物(2 个),物理空间(6 个),运营维护管理(2 个)。从分类来看,专家调查结果要素分类数量最多是运营维护管理,其次是设施物。而居民调查结果,居民主要关注自身可使用的物理空间,如活动室的有无,胡同空间是否满足日常使用,是否形成良好的私人领域,景观环境美化和环境安全、周围商业配套设施,其次是它们的维护。可见老旧小区居民的诉求,关于物理空间硬件环境的改善较多,而可持续的城市再生不仅仅是改善硬件环境,是推动以人为本的软环境改善,从而改善生活品质。目前居民参与介入老旧小区再生的案例较少,居民对此的认知不足。居民参与在老旧小区城市再生的社区政策决策或执行过程产生的影响力,维护管理、交流协作起到重要作用,因此这更需要政府加强居民参与方面的引导和教育,提高中国老旧小区居民的参与意识。

专家和居民调查结果存在较大的差异,因此专家意见和居民的诉求都非常重要,两个调查结果需要相互渗透,彼此补充。这个结果证明了,居民参与政策决策和提出意见诉求,是老旧小区再生的重要环节,不可或缺。因此得到专家和居民调查的结果,自然监视的 S-1(视频监控及报警设备)、S-2(照度、照明连续性)、S-4(无可藏身空间及视线盲区)、S-5(壁画、雕塑、墙体喷漆),访问控制全部内容,领域性的 T-3[胡同宽度($\geq 2m$)]、T-4(颜色、材质、铺装、尺度区分区域),活动支持 A-1(户外设施及开放性)、A-3(各年龄段的室内活动室),维护管理 M-1(活动、休闲设施、设备系统维护)、M-4(非机动车、机动车管理)、M-5(业主委员会、居委会、物业的管理),居民参与全部要素内容,共 18 项要素内容为中国老旧小区城市再生迫切需要改善的 CPTED 要素内容，如图 4-1 所示。

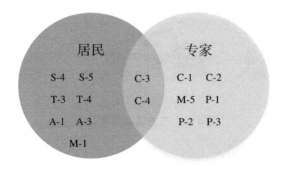

图 4-1 居民和专家调查结果

4.4 结果考证

通过案例调查、专家调查和居民调查，得到重要的和迫切需要改善的要素内容。其中三方调查结果完全一致的要素内容有 C-3（明确入口，有访客独立停车场）、C-4（避免突出物外露，禁止通行标识），案例和专家调查结果完全一致的要素内容有 C-1（防盗、安全设施），案例和居民调查结果完全一致的要素内容有 S-3（布置各类活动设施）、T-3[胡同宽度（≥ 2m）]、T-4（颜色、材质、铺装、尺度区分区域）、A-1（户外设施及开放性）、A-3（各年龄段的室内活动室）、M-4（非机动车、机动车管理），专家和居民调查无一致要素内容（图 4-2）。分类上，案例、居民调查结果较为一致，最迫切需要改善和重要内容的是物理空间和运营维护管理，而专家调查结果是设施物和运营维护管理，如图 4-3 所示。

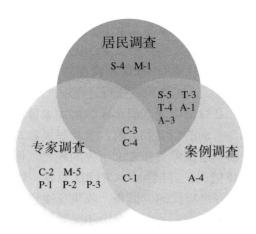

图 4-2 三方调查结果

 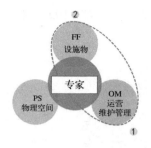 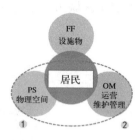

图 4-3　三方调查结果分析

　　案例和居民调查结果较为一致，居民调查仅在案例调查的基础上增加了 S-4（无可藏身空间及视线盲区），M-1（活动、休闲设施、设备系统维护）。4 个地区居民安全感调查，问题集中在流动人口和陌生人在小区的活动，小区非机动车的管理。这些问题并不是案例调查迫切需要改善的，因此是对案例调查结果的补充。

　　居民主要关注视线盲区、活动室的数量及种类，胡同空间适宜，私人领域不被侵犯，景观环境美化和环境安全程度，周围商业配套设施等物理空间，其次是对这些物理空间的维护。以上居民的诉求，可见物理空间类的硬件改善迫在眉睫，居民的意见非常重要。但是创造安全的生活环境，减少居民对实际犯罪和犯罪的恐惧，不仅仅需要改善物理空间，还需要改善机械监督与安全防范的设施物，使设施始终保持工作状态、物理空间可以有序开展活动，社区管理者、物业管理方、居民多方参与协作的运营维护管理。在社区环境建设上，设施物的维护和居民参与运营维护管理的重要性方面，居民缺少足够的认知。

　　专家调查结果证明了运营维护管理类 M-5（业主委员会、居委会、物业的管理），居民参与的重要性，通过案例调查未获得有效信息。专家调查结果，将居民参与的运营维护管理和自然监视、访问控制的设施物作为 CPTED 要素最为重要的内容，填补了案例和居民调查结果这部分要素内容的缺失。居民参与是新二代的 CPTED 理论在第一代 CPTED 理论基础上所提出的。居民参与在社区政策决策或执行过程中产生的影响力，维护管理、交流协作的重要性，是目前中国老旧小区的居民未曾认知的，因此这更需要政府加强居民参与方面的引导和教育，普及居民参与的概念与作用，提高居民参与意识，而不是仅停留在专家研究的理论层面。这需要从根本上考虑当地居民的具体情况，开展居民 CPTED 教育，居民 CPTED 研讨会，参与政策决策，定期开展居民问卷调查、收集反馈信息。居民作为受众参与政策决策和提出意见诉求，是中国老旧小区城市再生的重要环节，不可或缺。由此可见专家的意见非常重要。专家调查结果重要的要素设施类自然监视 S-1（视频监控及报警设备）、S-2（照度、照明连续性）、访问控制 C-2（门禁许可权认证系统）是案例调查和居民调查结果并不重要的要素内容，证明了案例地区这些设施类要素内容现状整体情况是良好的，可以适度进行改善。

专家与居民调查结果存在较大的差异，因此专家的意见和居民的诉求需要相互渗透，彼此补充，同时是对案例调查结果的验证和补充。

通过案例调查以及专家、居民调查的研究验证，得出20个要素内容是目前迫切需要改善的（表4-26）。其中访问控制、居民参与的重要性和迫切性最高，自然监视其次，维护管理再次，活动支持，领域性重要性和紧迫性最低。分类来看运营维护管理类重要性和迫切性最高，共8个要素内容，物理空间和设施类各6个要素内容。包括了案例调查4个老旧小区有待改善的问题，除共和村的A-5（增加居民活动）绘制壁画等增加居民活动和M-2（景观、建筑、环境维护）景观建筑环境维护，作为个案需要另行提出改善策略。

CPTED要素重要和迫切需要改善的内容　　　　　表4-26

分类	详细内容	要素内容
设施FF	S-1	视频监控，语音识别警铃、安全铃，紧急电话
	S-2	照度、照明连续性适宜，夜晚面部识别保证10m照亮，并避免眩光
	C-1	安装防盗、安全设施
	A-1	户外设施及开放性
	M-1	活动、休闲设施、设备系统维护
物理空间PS	S-4	无可藏身空间及视线盲区
	S-5	壁画、雕塑、墙体喷漆
	C-2	门禁许可权认证系统：刷卡门禁、人脸识别、电梯身份认证、车辆通行装置
	C-3	明确入口范围，区分居住者和外来者的停车场
	T-3	胡同宽不小于2m（地形限制不小于1.2m），宽度1.5m以下道路禁止种植行道树
	T-4	用颜色、质感、材料、铺装、尺度区分不同区域
	A-3	棋牌室、阅览室、书画室、乒乓球室、老人活动室；村媒体、图书馆、阅读室
运营维护管理OM	S-6	女性安心守护店、安心便利店
	C-4	避免树木、建筑外立面突出物或设备外露，安装禁止通行标识

续表

分类	详细内容	要素内容
运营维护管理OM	A-4	经营咖啡馆、餐厅、便利店、洗衣房
	M-4	管理任意停放的车辆和外来人员的车辆，非机动车车库安排专人看管
	M-5	加强对业主委员会、居委会、物业管理，对社区居民进行安全教育
	P-1	居民自助组织，参与住区管理
	P-2	促进居民交流；物业管理、业主委员会、居民多方沟通协作
	P-3	官方+居民开展犯罪预防和安全教育等活动

第五章　有待建立适合我国国情的 CPTED 机制

5.1　我国老旧小区 CPTED 研究框架

本书以 CPTED 理论为基础，梳理了中外 CPTED 策略下的老旧小区再生案例相关文献的要素详细内容、制度法规，探索中外研究的共同点和差异性。分析发现居民调查和专家调查研究方法是中国文献较少运用的，国外文献涉及的规划女性 24 小时安心守护店，避免外立面突出物或设备外露、最小胡同宽度的控制、绘制壁画以提高地区的自然监视等，以增加公共活动和人流量，特别是居民参与要素的应用，是中国研究较少关注的。自然监视、访问控制、领域性和活动支持要素中设施物类别的占比太少，物理空间占比较高，无法形成有效自然监视。可见我国的 CPTED 研究方法和理论框架并不完善，很难全面运用 CPTED 策略进行有效地预防犯罪实证研究。

针对中国 CPTED 研究的缺失，中国国情及规划特点，本研究将 6 要素归纳为设施物、物理空间、运营维护管理 3 个分类体系，为分析框架的结构，建构了适用于我国老旧小区再生的 CPTED 创新研究框架，以此分析框架进行了案例调查和专家调查、居民调查等实证研究。本书力图创新内容、改进方法，丰富和发展环境设计预防犯罪的理论体系，本研究有望填补国内老旧小区犯罪预防研究缺失。

5.2　最重要和最迫切需要改善的 CPTED 问题

通过对案例地区的实证研究，以及专家和居民调查的研究验证，系统分析中国老旧小区再生最重要和最迫切需要改善的 CPTED 相关问题。案例、居民调查结果较为一致，最迫切需要改善和最重要的内容是物理空间和运营维护管理两个类别，而专家认为设施物和运营维护管理两个类别在老旧小区改造里更加重要。

案例调查、居民调查结果较为一致，物理空间和运营维护管理最为重要是目前迫切需要改善的类别。

案例调查仅有 S-6（女性安心守护店）和 A-4（生活相关的商业设施）部分是居民调查迫切性里没有涉及的，中国社会将会更加关注女性安全问题，如24小时便利店形成的女性安心店守护了晚归的女性安全，是社区规划必不可少的。居民调查结果仅在案例调查结果的基础上增加了S-4（避免产生视线盲区）和M-1（维护活动设施）两项内容。4个地区居民安全感调查，问题集中在流动人口和陌生人在小区的活动，小区非机动车的停放。这些问题并不是案例调查迫切需要改善的，补充了案例调查结果。

居民主要关注视线盲区、各种类型活动室的数量及种类，胡同空间适宜，私人领域不被侵犯，景观环境美化和环境安全程度，周围商业配套设施等物理空间，其次是对这些物理空间的运营维护管理。居民的意见非常重要，可见物理空间类的硬件改善迫在眉睫。但是减少居民对实际犯罪事件和居民对犯罪的恐惧，除改善物理空间，还需要改善机械监督与安全防范的设施物；使设施始终保持工作状态、物理空间可以有序开展活动，社区管理者、物业管理方、居民多方参与协作的运营维护管理。在社区环境建设上，对设施物的维护，以及居民参与运营维护管理的重要性方面，居民缺少足够的认知。

专家调查结果是设施物和运营维护管理是最重要的。

专家调查结果证明了运营维护管理类M-5（加强社区管理、居民教育）和居民参与的3个要素内容的重要性，而案例调查未获得有效信息。专家调查结果，将居民参与的运营维护管理和自然监视、访问控制的设施物类别作为CPTED要素最为重要的内容，填补了案例和居民调查结果这部分要素内容的缺失。居民参与在社区政策决策或执行过程产生的影响力，维护管理的重要性，是目前中国老旧小区的居民未曾认知的，因此这更需要政府加强居民参与方面的引导和教育，而不是仅停留在专家研究的理论层面。这需要开展居民CPTED教育及研讨会，让居民参与政策决策，定期发放居民调查问卷、收集反馈信息。居民作为受众参与政策决策和提出意见诉求，是我国老旧小区城市再生的重要环节，不可或缺。由此可见专家的意见非常重要。

专家与居民调查结果存在较大的差异性，其结果是对案例调查结果的验证和补充。因此专家意见和居民的诉求需要相互渗透，彼此补充。

通过案例调查以及专家、居民调查的研究验证，访问控制、居民参与的迫切性和重要性最高，分类来看运营维护管理类紧迫性和重要性最高。具体为以下20个是最迫切需要改善和最重要的要素内容：

设施物FF：S-1（视频监控等安全设备）、S-2（照明）、C-1（安全设施）、A-1（活动设施）、M-1（维护活动设施）；

物理空间PS：S-4（避免产生视线盲区）、S-5（公共艺术）、C-2（门禁许可认证系统）、C-3（明确入口位置及停车场）、T-3（胡同宽度适宜）、T-4（颜色等区分不同区域）、A-3（室内活动室）；

运营维护管理 OM：S-6（女性安心店）、C-4（避免突出物外露）、A-4（生活相关的商业设施）、M-4（专人看管机动车和非机动车）、M-5（加强社区管理、居民教育）、P-1（居民自助组织，参与住区管理）、P-2（居民交流，多方沟通协作）、P-3（开展犯罪预防、安全教育活动）。

5.3 改善策略

以案例调查、专家调查和居民调查三方结果为基础，针对我国老旧小区 20 个最迫切需要改善和最重要的要素内容，以深圳共和村为例，提出 CPTED 改善策略。整体改善方向增加环境的自然监视，对犯罪分子产生震慑力；访问控制，边界或象征性边界的领域性强化；增加活动设施和物理空间提高活动支持，同时也增加了自然监视；对全区域进行维护管理；通过一定措施促进居民参与，见表 5-1。

其他 3 个老旧小区用文字描述的方式提出改善建议。

5.3.1 共和村改善建议

设施物 FF：C-1（防盗、安全设施），③区域有狭窄小巷，此区域入口的简易安全门需要更换有门禁装置的安全门，以保证该区域夜晚安全。C-2（门禁许可认证系统），②③区域缺少刷卡或人脸识别系统。A-1（活动设施），全区域增加花园、小型广场、花池类户外活动设施，来改善人烟稀少街道的活力。M-1（活动、休闲设施、设备系统维护），及时修整斑驳的年久失修的地面和未经修缮的损坏座椅，防止引发破窗效应。

物理空间 PS：S-4（避免产生视线盲区），居民楼前乱搭建的构筑物和乱停放的车辆，增加了视线盲区，这需要物业有序监管。S-5（公共艺术），小区没有壁画、公共艺术改善社区环境并提高人流量，需增加公共艺术拓展公共空间，以实现自然监视。C-3（明确入口位置及停车场），需进行访客登记管理，安装防盗门和对讲设备。T-3（胡同宽度适宜），南部小巷内的违章建筑造成巷子宽度不足 2m，带来消防等问题，需要拆除此地违章建筑，彻底解决安全隐患。T-4（颜色等区分不同区域），居民楼建筑外立面一到二层为色彩明度较高的黄色，不适合大面积使用，应该选择中明度、低纯度的色彩粉刷外墙。A-3（室内活动室），增强棋牌室、阅览室、书画室、乒乓球室、老人活动室等的室内活动室，丰富居民生活，增强社区凝聚力。M-2（景观、建筑、环境维护），居民调研提及街道生活垃圾桶放置不当，装修废弃物缺乏应有的监管，加盖违章建筑的频率较多，需执行有序管理。

运营维护管理 OM：C-4（避免突出物外露），整理立面裸露的排水管和空调管，尤其是③区域裸露较多，需要及时进行立面整治，美化立面，减少安全隐患。M-4（专人看管机动车和非机动车），需专人管理进出车辆，避免宅前公共区域、公共活动空间乱停车。M-5（加强社区管理、居民教育），为居民调查薄弱内容也是专家权重性调查较为重要的内容，需加强对业主委员会、居委会、物业管理，对社区居民进行 CPTED 安全教育。S-6（女性安心店），需为女性开设安心守护店，如 24 小时便利店，为晚归的女性护航。A-5（增加居民活动），小区的租客较多，占 42.6%，需要有适当的居民节庆、艺术活动，增强业主和租客的归属感和凝聚力。P-1（居民自助组织，参与住区管理）、P-2（居民交流，多方沟通协作）、P-3（开展犯罪预防、安全教育活动），引导居民形成自助组织，参与住区管理，促进居民交流，官民（政府方＋居民方）开展犯罪预防和安全教育等活动，这些需要制定相关政策和政府自上而下地加以引导。加强居民参与是现阶段 CPTED 的重点改善内容。

共和村改善建议　　　　　　　　　　　表5-1

- 设施物-FF

具体问题	改善方向：应用要素S-1、S-3	
区域内人烟稀少，夜晚独行者缺少安全感	人烟稀少地区设置活动设施，并对周边开放，带动区域人流量，增加自然监视	设置报警铃、电话亭等报警设施，可以一键报警，并保持一定间隔，在人烟稀少地区需减少警铃间隔距离
	（崔宇哲，2018）龙山2启动犯罪预防设计安装物	（郑善美，2019）报警铃
具体问题	改善方向：应用要素S-2	
南部边界处巷子的采光不足	根据人流采用一般照明或噪声响应照明，保证小巷的照明充足，实现自然监视	调节路灯颜色，蓝色光的照明环境有助于减少行人的焦虑和抑制潜在犯罪分子的犯罪冲动，平复情绪
	（郑善美，2019）因照明装置，夜晚也明亮的胡同	（郑善美，2019）安达区设置绿色路灯的景象

续表

具体问题	改善方向：应用要素C-1、S-1	
南部小巷边界处无防盗设施或门禁，访客可自由进出	更换可刷卡的安全门，并且安装视频监控，对此处进行24小时监控，阻止外部访客进入或进行来访登记	低层住宅安装防盗网，防止犯罪分子爬窗闯入室内
	韩国光州 山水一洞	（金柱焕，2015）

具体问题	改善方向：应用要素A-1	
小区内各年龄段居民的活动设施少，无法满足日常生活使用	规划户外活动设施：全区域增加花园、小型广场、花池类户外活动设施，在不同区域分散布置，并确保其可见度，以增加自然监视。为吸引居民使用，防止居民之间产生摩擦而制定小规模游乐场所	
	韩国光州 东明洞	（金柱焕，2015）小公园及游乐场

具体问题	改善方向：应用要素M-1	
斑驳的年久失修的地面和损毁后未经修缮的座椅	斑驳的年久失修的地面和未经修缮的损坏座椅，需要及时修理，防止引发破窗效应，并且定期检查维护	
	（金柱焕，2015）	澳门社区口袋公园

- 物理空间-PS

具体问题	改善方向：应用要素S-4	
景观植物遮挡窗口，使建筑内人的视线无法看向街道，产生对街道的监视，同时也给街上的人带来不安感	加强物业管理，定期修剪遮挡窗口的植被，保持窗口的视野开阔，屋内可以看到街道活动，以实现室内对街道的监视，改善室内采光，避免产生视线盲区，形成更好的自然监视	街道的树冠高度要超过行人视线高度，灌木或盆栽不高于0.6m，保证自然监视

续表

		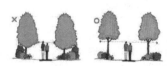 （朱美玉，2016）基督城1
居民楼前乱搭建的违章建筑，将半公共空间私人化	清理违章建筑，规划可见的围栏，形成私人空间或半私人空间，让视线一览无余，增加自然监视	
	 （林贤瑞等，2019）荷兰现场对象地	 （朱美玉，2016）内外透视的围墙
具体问题	改善方向：应用要素S-5	
小区缺少壁画等公共艺术，不易形成公共空间聚集人流	增加公共艺术项目，形成公共空间聚集人流。游览、拍照等活动，提高了人流量和驻足停留的可能，提高了自然监视	
	 韩国光州 东明洞	 （朱美玉，2016）
具体问题	改善方向：应用要素C-2	
无来访登记，外部人员可自由进出，带来安全隐患	安装防盗门和对讲设备，更换有门禁装置的安全门，以保证该区域夜晚安全。增加刷卡或人脸识别系统。需做访客登记，安装防盗门和对讲设备	

具体问题	改善方向：应用要素C-3	
居民和外来者的停车场不分区，为居民带来安全隐患	停车场分区修建，居民使用地下停车场，分区域规划色彩，用可视性强的字体标注区位数字，保证停车场照明和感应系统始终保持工作状态	规划访客使用的地上停车场，便于自然监视

续表

韩国光州 广域市山水1洞　　中国深圳大芬村，2019.11

具体问题	改善方向：应用要素T-4
底层立面颜色明度和纯度高，大面积使用容易造成居民情绪焦虑	应该选择中明度、低纯度的色彩粉刷外墙，以稳定情绪。居民楼前，应该为邻里间的接触设计额外的公共空间

（林贤瑞等，2019）　　韩国光州 广域市鹤洞，2021.5

具体问题	改善方向：应用要素A-3
无棋牌室、球类室等室内活动室，居民活动空间少	增加棋牌室、阅览室、乒乓球室、老人活动室等的室内活动空间，特色的社区活动强化了领域性和增进了活动支持，并且加强了社区的维护管理，丰富了居民生活，增强了社区凝聚力

（Min-Jung Lee，2019）

- 运营维护管理-OM

具体问题	改善方向：应用要素S-6	
无女性晚归安全设施	增加24小时安全屋，安全指引，为晚归的女性护航。颜色上运用警示性强的颜色，如黄色，象征着有人看守和警告	增加24小时便利店，以提高夜晚人流，提高自然监视

续表

	 （郑善美，2019）	 （金柱焕，2015）
具体问题	改善方向：应用要素M-2	
生活垃圾桶摆放不当，装修废弃物管理不善	生活垃圾桶摆放不当、装修废弃物较多，需执行有序管理。如垃圾指示灯，监督提醒居民在有序的地点时间丢弃垃圾	通过设置清晰导识系统，明确每个区域的功能，防止乱丢垃圾
	 （郑善美，2019）	 （金柱焕，2015）清晰的标志
具体问题	改善方向：应用要素C-4	
排水管和空调管裸露，防盗设施破旧，有攀爬入室风险	避免裸露的排水管空调管，必要时采用入侵控制设施，安装防盗门窗，避免闯入者攀爬	
	 （金柱焕，2015）入侵控制设施	 （金柱焕，2015）访问控制安装案例
具体问题	改善方向：应用要素M-4	
宅前公共区域乱停车，占用活动场地乱停车	宅前规划草坪或灌木，空间允许的情况通过高差规划人行道，避免停车占用公共空间。专人管理进出车辆。公共和私人区域之间设计过渡空间	宅前设计景观小品和半私人、半公共的过渡空间，防止乱停车问题

续表

	 （林贤瑞，2019）	 建筑物预防犯罪设计指南，国土交通部
具体问题	改善方向：应用要素P-1、P-2	
小区的租客较多，日常缺少居民间的交流，居民凝聚力不足	定期开展植树、清洁、节日庆典、艺术项目等活动，促进交流和协作合作，以便建立共识，形成社区认同感，增强业主和租客的归属感和凝聚力，以达到有序的社区维护管理	
	  （郑善美，2019）	 （郑善美，2019） 社区清洁活动  永庆坊中秋节日活动
具体问题	改善方向：应用要素P-3	
无居民参与CPTED和安全教育，居民对此领域认知匮乏	官民双方开展犯罪预防和安全教育等活动，提高预防犯罪的警觉性。这些需要制定相关政策和政府自上而下的引导，加强居民参与是现阶段CPTED的重点改善内容	
	  （Seok-Jin Kang等，2017）新西兰Urban Design Toolkit 项目中提供的一些示例	
	有序的社区维护管理，不仅仅需加强对业主委员会、居委会、物业的管理，还要引导居民形成自助组织，来自主管理社区。通过社区计划，在学生和居民的积极参与下，制作社区安心地图，公开信息共享和征求意见。居民自治，制定社区改善方案	
	 （Shin-hye Kim，2021）安心村 犯罪预防教育	 （郑善美，2019）

5.3.2 永庆坊改善建议

设施物 FF：S-3（布置各类活动设施），通过居民调查发现，小区各类活动设施多为聚集的游客使用，居民使用率较低，应分设居民使用的日常康体活动设施。T-3（胡同宽度适宜），居民生活区过窄的街道需要拓宽。C-1（防盗、安全设施），加固防盗门窗，人烟稀少的巷子安装报警铃和视频监控设施。C-2（门禁许可认证系统），民居楼入口处安装门禁系统，二楼应该安装防盗门、阳台防盗围栏。T-4（颜色等区分不同区域），外立面和街道的铺装材质设计需要兼顾历史街区的文化性和生活街区的便利性。

物理空间 PS：S-4（避免产生视线盲区），改善晾晒的衣服遮挡视线的问题，整治街容，储物仓库至少有一个开窗，方便形成自然监视。C-3（明确入口位置及停车场），来访人员出入登记，整治非机动车乱停放的问题。A-3（室内活动室），增加棋牌室、阅览室、书画室、乒乓球室、老人活动室等室内活动室，丰富居民生活，增强社区凝聚力。

运营管理 OM：S-6（女性安心守护店），区域有 24 小时智慧超市，无店员。需增加女性安全场所，如 24 小时便利店，为晚归的女性护航。C-4（避免突出物外露，禁止通行标识），立面裸露的排水管道和空调管需要进行定期维护。T-5（增加居民活动），交通便利 1km 内有公交站，但地铁站在 1km 外，且沿途多历史街区的小巷，因此居民需尽量通过调整出行时间和方式提高出行安全性，或丰富沿街商业活动。A-4（生活相关的商业设施），需要增加干洗店等居民生活配套商业设施，提高生活的便利性。M-4（专人看管机动车和非机动车），需物业专人监管进出以及停放的非机动车辆。M-5（加强社区管理、居民教育），为居民调查薄弱内容，也是权重性调查较为重要的内容，需加强对业主委员会、居委会、物业管理，对社区居民进行安全教育。P-1（居民自助组织，参与住区管理）、P-2（居民交流，多方沟通协作）、P-3（开展犯罪预防、安全教育活动），引导居民形成自助组织，参与住区管理，促进居民交流，官民开展犯罪预防和安全教育等活动，这些需要相关政策和自上而下的引导。加强居民参与是现阶段 CPTED 的重点改善内容。

5.3.3 大芬村改善建议

设施物 FF：S-2（照明），增加②④区域内巷的照明和声控感应灯，S-4（避免产生视线盲区），治理 4 条主路的乱停放的车辆，防止形成视线盲区，带来安全隐患。夜晚物流中心附近停靠的大货车，设计不合理的或乱搭建的墙体，太阳山艺术中心外墙的植被等遮挡了视线需要物业定期修剪。C-1（防盗、安全设施），加固底层商住两用建筑的防盗门窗。C-2（门禁许可权认证系统），增加报警装置，尤其是人烟稀少的小巷。A-1（活动设施），增加康乐设施、社区公园、儿童游乐场等设施，以此增加居民活动形成自然监视。A-2（公告栏、宣传栏；各类地图），可以增加居民公告板，提供租房、旧物交换、展览发布等信息，促进居民交流。

物理空间 PS：C-3（明确入口位置及停车场），规划居民专用地下停车场，彻底解决无居民停车场引起的乱停车问题。外来人员进出需要登记。A-3（室内活动室），增加棋牌室、阅览室、书画室、乒乓球室、老人活动室等室内活动室，丰富居民生活，增强社区凝聚力。M-1（活动、休闲设施、设备系统维护），改善内巷照明亮度，如大丰喷画附近、简贝七巷、邮政代办点、老围东后面位置。T-3（胡同宽度（≥2m）），主街祠堂内侧巷子宽度不足2m，增加此处巷子宽度以及夜晚的光线。

运营维护管理 OM：S-6（女性安心守护店），需增加女性安全场所，如24小时便利店，为晚归的女性护航。C-4（避免突出物外露，禁止通行标识），清理商铺门前可攀爬的铁艺结构，清理巷子存放的梯子、杂物，避免产生安全隐患。及时维护管理大部分建筑立面的排水管、空调管裸露情况。A-4（生活相关的商业设施），需要增加干洗店等居民生活配套商业设施，提高生活的便利性。M-4（专人看管机动车和非机动车），需物业专人监管进出以及停放的非机动车辆。M-5（加强社区管理、居民教育），为居民调查薄弱内容，也是权重性调查较为重要的内容，需加强对业主委员会、居委会、物业管理，对社区居民进行安全教育。P-1（居民自助组织，参与住区管理）、P-2（居民交流，多方沟通协作）、P-3（开展犯罪预防、安全教育活动），引导居民形成自助组织，参与住区管理，促进居民交流，官民开展犯罪预防和安全教育等活动，这些需要相关政策和自上而下的引导。加强居民参与是现阶段 CPTED 的重点改善内容。

5.3.4 沙井村改善建议

设施物 FF：S-1（视频监控等安全设备），小巷存在过多监控死角，需增加小巷内的视频监控，报警设备，保证无监控死角。S-2（照明），增加主街以外街道的噪声相应照明。C-1（防盗、安全设施），改善绝大部分简易的已经老化的防盗门窗。C-2（门禁许可认证系统），需围合小区，或减少自由出入口数量，增加门卫管理，并进行访客的登记。A-1（活动设施），增加户外活动设施，并对周边开放，改善人烟稀少区域的活力。M-1（活动、休闲设施、设备系统维护），增加狭窄内巷的噪声响应照明，并定期维护。

物理空间 PS：S-4（避免产生视线盲区），不同年代建设的建筑相邻，高低错层，应对此进行建筑立面和违章建筑改造，以减少视线盲区。S-5（壁画、雕塑、墙体喷漆），增加除龙津河、社区公园外区域的壁画、公共艺术等，形成社区内更多的公共空间，以实现自然监视。C-3（明确入口位置及停车场），需围合小区，或减少自由出入口数量，增加门卫管理，并进行访客的登记。T-3（胡同宽度（≥ 2m）），内巷均有狭窄小巷，有大量的1m左右宽度的小巷，区域迫切需要进行部分拆迁，拓宽街道，以改善建筑密度高而产生的消防和安全隐患问题。T-4（颜色等区分不同区域），较为破旧的建筑立面和街道需要及时修缮，以色彩来区分不同区域，以明确领域性。A-3（室内活动室），增加棋牌室、阅览室、书画室、乒乓球室、老人活动室等室内活动室，丰富居民生活增强社区凝聚力。M-2（景观、建筑、环境维护），需要定期修剪植被，保持树冠在2m以上，令行人的视线通透。定期修剪植物不能遮挡民宅窗口视线。翻修斑驳褪色的立面。管理各类线路裸露、打结悬挂于建筑外的情况。及时清理堆放的废弃物，防止形成破窗效应。

运营维护管理OM：S-6（女性安心守护店），需增加女性安全场所，如24小时便利店，为晚归的女性护航。C-4（避免突出物外露，禁止通行标识），立面裸露的排水管道和空调管需要及时维护。A-4（生活相关的商业设施），需要增加干洗店等居民生活配套商业设施，提高生活的便利性。M-3（来访人员、车辆登记，巡逻安保），增加巡逻安保，及时关注小巷内的情况。M-4（专人看管机动车和非机动车），需物业专人监管进出以及停放的非机动车辆。M-5（加强社区管理、居民教育），为居民调查薄弱内容，也是权重性调查较为重要的内容，需加强对业主委员会、居委会、物业管理，对社区居民进行安全教育。P-1（居民自助组织，参与住区管理）、P-2（居民交流，多方沟通协作）、P-3（开展犯罪预防、安全教育活动），引导居民形成自助组织，参与住区管理，促进居民交流，官民开展犯罪预防和安全教育等活动，这些需要相关政策和自上而下的引导。加强居民参与是现阶段CPTED的重点改善内容。

5.4 本研究的建议及局限性

5.4.1 研究建议

首先，中国的CPTED研究起步较晚，目前主要处于高校学者研究的阶段，因此需要政府规划部门、公安系统等相关部门沟通协作，共同研究，制定CPTED方针指南及法律法规。同时研究借助艺术设计学、城市规划学、犯罪心理学和统计学的知识交叉，从"城市更新—环境设计—安全的人居环境"多维度开展系统研究，促进相关学科的融合发展。

其次，CPTED方针指南及法律法规的制定，需分别研究制定老城改造的 CPTED 方案，以及新城建设的 CPTED 方案。

最后，官民共同开展犯罪预防和安全教育等活动，提高居民参与意识。需加强对业主委员会、居委会、物业的管理，还要引导居民形成自助组织，来自主管理社区。通过社区计划，制作社区安心地图，公开信息共享和征求意见。居民自治，制定社区改善方案。

5.4.2 研究的局限性

本书运用分析框架调研了 4 个老旧小区再生的 CPTED 现状，同时开展了专家和居民调查，定性和定量研究方式结合，但同时也存在一些研究的局限性。

首先，本文的案例研究城市地处中国南部经济发达地区，而中国不同地域的城市，存在较大的物理环境和社会条件差异性。因此，本书论证的 CPTED 研究框架的适用性，需要更多城市的案例进行验证，并根据实际情况或进一步完善调整研究框架。

其次，因中国老旧小区的建设年份不同，土地所有形式不同，现阶段政府改造程度不同。未来的研究可以进一步详细界定，提供相应的 CPTED 策略。

最后，由于中国的详细犯罪数据不对社会开放，因此本文缺失了 4 个案例城市的详细犯罪数据，也将缺失城市再生后的犯罪数据监测，成为本研究的遗憾。随着大数据时代的来到，犯罪数据和大数据等信息的公开，能够极大地拓展犯罪学的研究视野与领域。

附　录

关于广州、深圳老旧小区再生的专家意见调查

本调研旨在从专家角度，调查中国老旧小区，环境设计预防犯罪（CPTED）各要素详细内容的重要程度，以便确定每个要素内容的相对重要性。调查结果仅用于学术研究，除统计分析外，个人信息和内容不用于其他目的。

感谢您抽出宝贵时间参与此次调查，谢谢！

以下 CPTED 的具体内容，作为问题调查的重要依据：

■ 自然监测 -S：在规划建筑、景观和设施时，最大化对周围环境可见，以便在日常生活中自然地观察周围环境，观察外来者是否入侵，并区分邻居和陌生人，减少犯罪活动和居民对犯罪的恐惧。

■ 访问控制 -C：通过门禁、围墙、景观等引导限定空间，同时登记来访者或阻止未经授权的人员进入，使其难以进入犯罪目标区域，增加犯罪活动的风险。

■ 领域性 -T：区分公共空间和私人领地，建立虚拟区域，使当地居民能够主张其权利，使潜在罪犯认识到他们可能受到监视，从而抑制犯罪行为。

■ 活动支持 -A：通过促进居民活动，减少犯罪机会和居民对犯罪的恐惧。

■ 维护管理 -M：维护物理空间和设施，以确保设施始终保持工作状态，公共场所保持空间秩序，避免破窗效应。

■ 居民参与 -P：当地居民参与决策或执行过程，并对社区产生影响的行为。

一、受访者一般信息

1. 你的性别是？
○ 男　　○ 女

2. 您的年龄是？
○ 20~29 岁　　○ 30~39 岁　　○ 40~49 岁
○ 50~59 岁　　○ 60 岁以上

3. 您从事的领域是？

○教授　　　○研究人员　　○设计师　　　○公务员

○警察　　　○地产商　　　○其他

4. 您的从业经验？

○5 年以下　　○6～10 年　　○11～15 年

○16～20 年　　○21～25 年　　○26 年以上

二、CPTED 要素重要性调查

量表分值：非常重要 7 分、重要 6 分、比较重要 5 分、一般重要 4 分、比较不重要 3 分、不重要 2 分、非常不重要 1 分

■ 自然监视 -S

S-1 安装视频监控、安全铃、紧急电话。

非常重要　　○7　○6　○5　○4　○3　○2　○1　非常不重要

S-2 照明连续性、亮度适宜，并避免眩光。

非常重要　　○7　○6　○5　○4　○3　○2　○1　非常不重要

S-3 小区中央布置各类活动设施，并确保使用。

非常重要　　○7　○6　○5　○4　○3　○2　○1　非常不重要

S-4 无视线盲区，不得有可藏身的空间、设施。

非常重要　　○7　○6　○5　○4　○3　○2　○1　非常不重要

S-5 壁画、雕塑、墙体喷漆等公共艺术。

非常重要　　○7　○6　○5　○4　○3　○2　○1　非常不重要

S-6 24 小时女性安心守护店、便利店。

非常重要　　○7　○6　○5　○4　○3　○2　○1　非常不重要

■ 访问控制 -C

C-1 安装防盗、安全设施。

非常重要　　○7　○6　○5　○4　○3　○2　○1　非常不重要

C-2 安装门禁许可权认证系统。

非常重要　　○7　○6　○5　○4　○3　○2　○1　非常不重要

C-3 明确入口范围，区分居民和访客的停车场。

非常重要　　○7　○6　○5　○4　○3　○2　○1　非常不重要

C-4 避免树木、外立面突出物或设备可攀爬入室，禁止通行标识。

非常重要　　○7　○6　○5　○4　○3　○2　○1　非常不重要

■ 领域性 -T

T-1 明确私人或公共领域，增加领域标识。

非常重要　　○7　○6　○5　○4　○3　○2　○1　非常不重要

T-2 限定或强化空间的围合，合理布局商业配套设施。

非常重要　　○7　○6　○5　○4　○3　○2　○1　非常不重要

T-3 胡同宽不小于 2m，1.5m 以下禁止种植行道树。

非常重要　　○7　○6　○5　○4　○3　○2　○1　非常不重要

T-4 用颜色、质感、材料、尺度区分不同区域。

非常重要　　○7　○6　○5　○4　○3　○2　○1　非常不重要

T-5 增加住区、学校、公交站路线的安全感。

非常重要　　○7　○6　○5　○4　○3　○2　○1　非常不重要

■ 活动支持 -A

A-1 户外景观设施、康乐设施。

非常重要　　○7　○6　○5　○4　○3　○2　○1　非常不重要

A-2 安装公告栏、宣传栏、地图。

非常重要　　○7　○6　○5　○4　○3　○2　○1　非常不重要

A-3 不同年龄段使用的各类活动室。

非常重要　　○7　○6　○5　○4　○3　○2　○1　非常不重要

A-4 咖啡厅、餐厅、便利店、洗衣店等商业设施。

非常重要　　○7　○6　○5　○4　○3　○2　○1　非常不重要

A-5 增加居民活动，如绘制并保护壁画。

非常重要　　○7　○6　○5　○4　○3　○2　○1　非常不重要

■ 维护管理 -M

M-1 维护活动设施、休闲设施、设备系统。

非常重要　　○7　○6　○5　○4　○3　○2　○1　非常不重要

M-2 维护景观、建筑、环境。

非常重要　　○7　○6　○5　○4　○3　○2　○1　非常不重要

M-3 控制访客的进入或登记来访人员、车辆。

非常重要　　○7　○6　○5　○4　○3　○2　○1　非常不重要

M-4 安排专人管理停放的车辆，看管非机动车车库。

非常重要　　○7　○6　○5　○4　○3　○2　○1　非常不重要

M-5 加强业主委员会、居委会、物业的管理。

非常重要　　○7　○6　○5　○4　○3　○2　○1　非常不重要

■ 居民参与 -P

P-1 居民自助组织参与住区管理。

非常重要　　○7　○6　○5　○4　○3　○2　○1　非常不重要

P-2 促进居民交流，多方沟通协作。

非常重要　　○7　○6　○5　○4　○3　○2　○1　非常不重要

P-3 开展官民犯罪预防和安全教育活动。

非常重要　　○7　○6　○5　○4　○3　○2　○1　非常不重要

三、重要性排序

1.您觉得老旧小区改造最紧急和必要的CPTED要素是？请按照重要性排序。（排序题，请在中括号内依次填入数字）

（   ）自然监视 -S　　（   ）访问控制 -C　　（   ）领域性 -T

（   ）活动支持 -A　　（   ）维护管理 -M　　（   ）居民参与 -P

（   ）其他，请说明排序理由

2.您觉得老旧小区改造最紧急和必要的分类是？请按照重要性排序。（排序题，请在中括号内依次填入数字）

（   ）设施　　　　（   ）物理空间　　　（   ）运营和维护管理

（   ）其他　　　　（   ）请说明排序理由

老旧小区环境的居民满意度调查

  本调研为改善老旧小区环境，制定城市更新改造计划而开展，所有调查结果将作为城市更新计划的重要参考依据，您回复的一切内容仅用于学术研究，您的个人信息将受到保护。

  感谢您抽出宝贵的时间，参与我们的调查，谢谢！

一、受访者一般信息

1. 你的性别是？
○男　　○女
2. 您的年龄是？
○20~29 岁　　○30~39 岁　　○40~49 岁
○50~59 岁　　○60 岁以上
3. 您的职业身份是？
○职员　　　○村民　　　○公务员　　　○个体经营者
○专业技术人员　○自由职业者　○学生/无业　○其他
4. 您目前与多少位家人住在一起？
○1 位　　○2 位　　○3~4 位　　○5 位以上
5. 您目前在这里住了多长时间？
○1~5 年　○6~10 年　○11~15 年　○16~20 年　○21 年以上
6. 您打算继续住多长时间？
○1~5 年　○6~10 年　○11~15 年　○16 年以上　○一直住
○不确定
7. 您目前居住的房屋为？
○自购　　○租赁

二、小区环境调查

  非常满意 5 分、比较满意 4 分、一般满意 3 分、比较不满意 2 分、非常不满意 1 分

1. 居住安全性调查
● 您白天在小区街巷中独行会觉得。
非常安全　　○5　　○4　　○3　　○2　　○1　　非常不安全
● 您夜晚在小区街巷中独行会觉得。
非常安全　　○5　　○4　　○3　　○2　　○1　　非常不安全

- 您在小区中生活，在人身安全方面觉得。
  非常安全　　○5　　○4　　○3　　○2　　○1　　非常不安全
- 当您外出时，觉得对无人看护住处的安全性是。
  非常安全　　○5　　○4　　○3　　○2　　○1　　非常不安全
- 您觉得停放在小区的非机动车安全吗。
  非常安全　　○5　　○4　　○3　　○2　　○1　　非常不安全
- 您觉得小区的外来人口、陌生人安全吗。
  非常安全　　○5　　○4　　○3　　○2　　○1　　非常不安全
- 您觉得小区的娱乐设施安全吗。
  非常安全　　○5　　○4　　○3　　○2　　○1　　非常不安全

2. 分类调查

■ 自然监视 -S

S-1 您对小区视频监控、安全铃、紧急电话的数量和覆盖范围满意吗？
非常安全　　○5　　○4　　○3　　○2　　○1　　非常不安全

S-2 您对小区照明设施数量、连续性、亮度满意吗？
非常安全　　○5　　○4　　○3　　○2　　○1　　非常不安全

S-3 您对小区布置的各类活动设施及使用情况满意吗？
非常安全　　○5　　○4　　○3　　○2　　○1　　非常不安全

S-4 您觉得小区无视线盲区，无可藏身空间的设计满意吗？
非常安全　　○5　　○4　　○3　　○2　　○1　　非常不安全

S-5 您对小区的壁画、雕塑、墙体喷漆等公共艺术满意吗？
非常安全　　○5　　○4　　○3　　○2　　○1　　非常不安全

S-6 您对小区 24 小时女性安心守护店、便利店满意吗？
非常安全　　○5　　○4　　○3　　○2　　○1　　非常不安全

■ 访问控制 -C

C-1 您对小区安装的防盗、安全设施满意吗？
非常安全　　○5　　○4　　○3　　○2　　○1　　非常不安全

C-2 您对小区安装的门禁许可权认证系统满意吗？
非常安全　　○5　　○4　　○3　　○2　　○1　　非常不安全

C-3 您对小区入口范围，居民和访客的停车场分区使用满意吗？
非常安全　　○5　　○4　　○3　　○2　　○1　　非常不安全

C-4 您对小区进行无可攀爬入室的树木、外立面突出物的管理满意吗？
非常安全　　○5　　○4　　○3　　○2　　○1　　非常不安全

■ 领域性 -T

T-1 您对小区私人或公共领域划分，如：路牌、门牌、告示牌满意吗？
非常安全　　○5　　○4　　○3　　○2　　○1　　非常不安全

T-2 您对小区空间的围合，商业配套设施布局满意吗？

非常安全　　○5　　○4　　○3　　○2　　○1　　非常不安全

T-3 您对小区部分过窄的街巷规划满意吗？

非常安全　　○5　　○4　　○3　　○2　　○1　　非常不安全

T-4 您对小区使用颜色、质感、材料、尺度区分不同区域情况满意吗？

非常安全　　○5　　○4　　○3　　○2　　○1　　非常不安全

T-5 您对住区至学校和公交站路线的安全性满意吗？

非常安全　　○5　　○4　　○3　　○2　　○1　　非常不安全

■ 活动支持 -A

A-1 您对小区户外景观设施、康乐设施满意吗？

非常安全　　○5　　○4　　○3　　○2　　○1　　非常不安全

A-2 您对小区公告栏、宣传栏、地图的安装情况满意吗？

非常安全　　○5　　○4　　○3　　○2　　○1　　非常不安全

A-3 您对小区内各年龄段的活动室、如棋牌室、儿童游乐室、健身房的类别和数量满意吗？

非常安全　　○5　　○4　　○3　　○2　　○1　　非常不安全

A-4 您对小区及周边的咖啡厅、餐厅、便利店、洗衣店等商业设施类别和数量满意吗？

非常安全　　○5　　○4　　○3　　○2　　○1　　非常不安全

A-5 您对小区组织的居民活动，如节日庆典、绘制并保护壁画满意吗？

非常安全　　○5　　○4　　○3　　○2　　○1　　非常不安全

■ 维护管理 -M

M-1 您对小区活动设施、休闲设施、设备系统的维护满意吗？

非常安全　　○5　　○4　　○3　　○2　　○1　　非常不安全

M-2 您对小区景观、建筑、环境的维护满意吗？

非常安全　　○5　　○4　　○3　　○2　　○1　　非常不安全

M-3 您对小区控制访客进入或登记来访人员、车辆的管理满意吗？

非常安全　　○5　　○4　　○3　　○2　　○1　　非常不安全

M-4 您对小区停放的车辆，非机动车车库的管理满意吗？

非常安全　　○5　　○4　　○3　　○2　　○1　　非常不安全

M-5 您对小区业主委员会、居委会、物业的管理满意吗？

非常安全　　○5　　○4　　○3　　○2　　○1　　非常不安全

■ 居民参与 -P

P-1 您对居民建立自助组织，参与住区管理满意吗？

非常安全　　○5　　○4　　○3　　○2　　○1　　非常不安全

P-2 您对居民之间的交流，沟通协作方面满意吗？

非常安全　　　○5　　○4　　○3　　○2　　○1　　非常不安全

P-3 您对小区开展官民犯罪预防和安全教育活动频次满意吗？

非常安全　　　○5　　○4　　○3　　○2　　○1　　非常不安全

三、其他调查

1. 你认为紧急和必要改造的项目，请按照优先顺序排序。（排序题，请在中括号内依次填入数字）

（　）增加视频监控、报警设备、路灯

（　）控制外来人口、车辆的访问或设置门禁

（　）避免私人领域被侵犯，增加边界的围合

（　）增加停车场等配套设施

（　）增加健身房、儿童游乐场、老年活动中心、图书馆等

（　）加强设施、建筑、景观、环境的维护管理

（　）增加居民活动，促进邻里交流

（　）有居民自助组织，促进居民参与犯罪预防活动，减少犯罪恐惧

2. 小区是否有业主委员会、居委会、物业管理负责小区的日常管理工作？情况体现在哪些方面？（可具体到活动、事件名称）

　　_____

3. 小区是否有居民自助组织？（请列举名称和相关活动工作）

　　_____

4. 在小区您日常见面打招呼的邻居人数是多少？在小区的日常活动范围有哪些？

　　_____

5. 小区是否有定期开展犯罪预防和安全教育？（请列举具体内容和频次）

　　_____

6. 您居住在哪个小区？

○共和村（请跳至第 7 题）

○永庆坊（请跳至第 8 题）

○大芬村（请跳至第 9 题）

○沙井村（请跳至第 10 题）

7. 共和村安全脆弱的地区是哪里？

如：人烟稀少街道、街道垃圾、涂鸦、废弃物放置不管、危险的地区

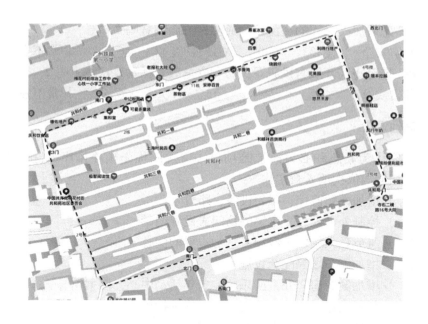

8. 永庆坊安全脆弱的地区是哪里？
   如：人烟稀少街道、街道垃圾、涂鸦、废弃物放置不管，危险的地区

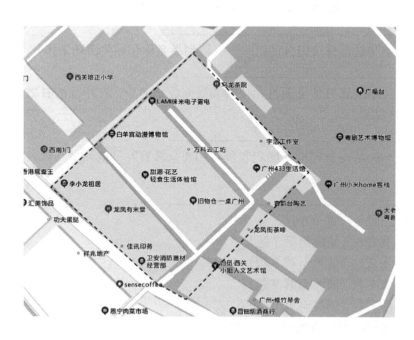

9. 大芬村安全脆弱的地区是哪里？
   如：人烟稀少街道、街道垃圾、涂鸦、废弃物放置不管，危险的地区

10. 沙井村安全脆弱的地区是哪里?
如：人烟稀少街道、街道垃圾、涂鸦、废弃物放置不管，危险的地区

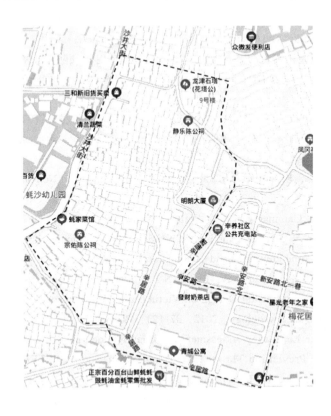

参考文献

[1] C. Ray Jeffery. Crime Prevention Through Environment Design[M].Sage Publications. 1971.

[2] Oscar Newman.Defensible Space：Crime Prevention Through Urban Design[M]. Macmillan Pub Co，1973.

[3] Welsh，B.C.and Farrington，D.P. Making Public Places Safer：Surveillance and Crime Prevention[M].Oxford University Press，2009.

[4] Timothy D.Crowe. 环境设计预防犯罪 [M]. 陈鹏，译 .3 版 . 北京：中国人民公安大学出版社，2015.

[5] 伊藤滋 . 城市与犯罪 [M]. 夏静池，郑光林，译 . 北京：群众出版社，1988.

[6] 简·雅各布斯 . 美国大城市的死与生 [M]. 金衡山，译 . 江苏：译林出版社，2005.

[7] 雷金纳德·戈列奇，罗伯特·斯廷林，戈列奇，等 . 空间行为的地理学 [M]. 商务印书馆，2013.

[8] 徐磊青，扬公侠 . 环境心理学：环境，知觉和行为 [M]. 同济大学出版社，2002.

[9] David B. Clarke. The Cinematic City[J]. Routledge，1997.

[10] 亚当·苏通，阿德里恩·切尼，罗伯·怀特 . 犯罪预防：原理，观点与实践：principles, perspectives and practices[M]. 赵赤，译 . 北京：中国政法大学出版社，2012.

[11] 兰德尔·阿特拉斯 . 21 世纪安全与通过环境设计预防犯罪（CPTED）——关键基础设施保护的设计与犯罪预防 [M]. 但彦铮，张秋风，译 . 北京：知识产权出版社，2017.

[12] Wilson J A，Kelling G L.Broken Windows：The Police and Neighborhood Safety[J]. Atlantic Monthly，1982，249（3）：29-38.

[13] Thorpe A, Gamman L. 1982，Walking with Park：Exploring the "Reframing" and Integration of CPTED Principles in Neighbourhood Regeneration in Seoul，South Korea[J].Crime Prevention and Community Safety，2013，15（3），207-222.

[14] Marzbali M H，Abdullah A，Razak N A.，et al. The Influence of Crime Prevention through Environmental Design on Victimisation and Fear of Crime[J]. Journal of Environmental Psychology，2012，32（2），79-88.

[15] Seung-Hee Lee.Safety Assessment of Urban Residential Regenertion Area Based on Crime Prevention Through Environmental Design（CPTED）[D].Semyung University，Doctoral Dissertation，2020.

[16] Koskela H, Pain R. Revisiting Fear and Place：Women's Fear to Attack and the Built Environment[J]. Geoforum，2000，31（2），269-280.

[17] Choi Kang-Rim: A Case Study on CPTED Projects for Regeneration of Deteriorated Residential Area——Focused on Cases of Deokpo-dong, Chilsan-dong and Sujeong-dong in Busan City[J].Journal of the Korean Institute of Interior Design,2016,25(5): 16-30.

[18] Yong-Sung Choi, Dae-Hoon Kwak.A Comparative Legal Study on the Legislation of CPTED in U. S, U. K and Australia[J].Journal of Community Safety and Security by Environmental Design, 2020; 11(2): 125-154.

[19] Ju-Hyeon Park, Kyung-Hwan Lee.The Effects of Neighborhood Physical Changes caused by CPTED Project on Resident's Fear of Crime, Neighborhood Satisfaction, and Neighborhood Attachment in the Poverty Area——Focused on the Gamcheon-dong, Saha-gu, Busan[J].Journal of the Architectural Institute of Korea Planning & Design, 2020.36(1): 105-111.

[20] Roh, Jihyun, Park, et al. A Study of Crime Anxiety in the Region Using CPTED Index——Focusing on Alleyway Landscape Elements [J].Journal of Integrated Design Research, 2017, 16(4): 91-104.

[21] Kang, Joo. A Study on the Cognition of CPTED, Crime and Fear of Crime according to Housing Types Focused on Case——Study of A Gu, Seoul City[J].Journal of Community Safety and Security by Environmental Design, 2018; 9(2): 067-094.

[22] Cheol-Hyun Park, Da-Rae Son, Hyung-Bo Kim.Mural Village and Crime-Prevention Effects-A Case of 'Maechookji' Mural Village[J].Journal of the Urban Design Institute of Korea Urban Design, 2020, 21(4): 47-57.

[23] Seok-Hoon Park, Sun-Young Kim. A Study on the Construction of a Safety Village Applying the Concept of CPTED (Crime Prevention through Environmental Design)—— Focusing on Ganeung-dong, Uijeongbu-si[J]. The Korean Society Of Design Culture, 2017, 23(4): 431-446.

[24] Hwan-Sung Kim, Hye-Jin Jung, Jae-Seung Lee. The Impact of CPTED on Fear of Crime Levels of Residents in Low-density Neighborhoods Focusing on Seoul Human town projects[J]. Journal of the Korean Institute of Culture Architecture Seria, 2020 (69): 165-176.

[25] Eun-Mi Jin, Kim, Seok-Yoo Jang, Ye Na. A Study on the Problem Analysis of Environmental Facilities on the Crime Prevention Through Environmental Design (CPTED) [J]. Bulletin of Korean Society of Basic Design & Art, 2016, 17(3): 539-552.

[26] Hyeyeon Yang, Tae-il Kim, Yongkyu Yi. A Study on the Reduction of Crime Fears through CPTED Projects in Old Downtown Area of Je ju City Focusing on Community Program Approaches[J]. Journal of Community Safety and Security by Environmental Design, 2019; 10(3): 121-150.

[27] Hyun-seo Lim, Yoon-Hye Jung, You-Mi Lee. A Study on the CPTED Guidelines

and Case of Netherlands, Austria for Crime Safety in Residential Area[J].Journal of Community Safety and Security by Environmental Design, 2019, 10 (1): 073-116.

[28] Ahreum Jung, Seokhyun Lee. The Influence of Residential Crime Prevention through Community Activity: with a Focused on Valuation of Consciousness in Dongjakgu[J]. Korean Society of Design Science, 2017, 30 (4): 175-187.

[29] Xing Yue, Jeong-Min Moon.An Analysis of the CPTED Elements for Urban Regeneration in China Deteriorated Residential Areas[J].Korean Institute of Design Research Society, 2021, 6 (3): 19-31.

[30] Xing Yue, Jeong-Min Moon.Cognitive Elements Analysis on Urban Regeneration of Old Residential Areas in Shenzhen and Guangzhou, China[J].Journal of Korea Society of Design Trend, 2021, 26 (1): 97-108.

[31] Gangbin Yang, Lin Liu, Shenjing He, et al. Environmental Impacts on Burglary Victimization in Gated Communities: A Multi-level Analysis in Guangzhou[J]. Tropical Geography, 2016, 36 (4): 610-618.

[32] 顾至欣, 顾海玲. 犯罪预防性环境设计与居住区安全性的提升——以瑞典罗森歌德居住区改造项目为例 [J]. 城市问题, 2012 (01): 35-39.

[33] 胡斌, 汪中林, 吕元. 基于CPTED策略的社区边界空间安全设计 [J]. 北京工业大学学报, 2016, 42 (7): 1071-1076.

[34] 李苏雄. CPTED理论在边缘社区犯罪治理中的应用与启示 [J]. 北京警察学院学报, 2020 (2): 102-107.

[35] 李春雷, 姚巍. 城市化进程中我国城市住区犯罪空间防控探索——基于CPTED理论视角下对我国城市住区的个案考察 [J]. 中国人民公安大学学报(社会科学版), 2011, 27 (4): 93-105.

[36] 徐磊青. 以环境设计防止犯罪研究与实践30年 [J]. 新建筑, 2003 (2): 4-7.

[37] 杨英姿. 国外城市社区空间环境与犯罪关系理论研究综述 [J]. 现代城市研究, 2011.26 (2): 78-85.

[38] 杨刚斌, 柳林, 何深静, 等. 广州门禁小区入室盗窃受害率与内部环境分析 [J]. 人文地理, 2016, 31 (3): 45-51.

[39] 毛媛媛, 殷玲, 刘婧, 等. 国内住区环境设计预防犯罪研究进展与反思 [J]. 风景园林, 2018, 25 (7): 47-52.

[40] 毛媛媛, 李凤仪, 殷玲, 等. 基于网络形态的街道空间环境与"两抢一盗"犯罪的关系研究——以S市为例 [J]. 地理研究, 2022, 41 (11): 2866-2883.

[41] 邹兵. 增量规划、存量规划与政策规划 [J]. 城市规划, 2013, 37 (2): 35-37.

[42] 唐源琦, 周建威, 赵红红. 广州旧城微改造全要素评价分析及更新策略研究——以恩宁路（永庆坊）微改造为例 [J]. 西部人居环境学刊, 2021, 36 (1): 74-83.

[43] 付宇, 陈珊珊, 张险峰. 城市更新政策经验及启示——基于上海、广州、深圳三地的比较研究 [C]//2018中国城市规划年会论文集（02城市更新）中国城市规划学会会议论文集, 2018: 390-398.

[44] 张晓东，胡俊成，杨青，等.老旧住宅区现状分析与更新提升对策研究[J].现代城市研究，2017，(11)：88-92.

[45] 姜超，唐焕丽，柳林.中国犯罪地理研究述评[J].地理科学进展，2014，33（4）：561-573.

[46] 王科奇，尤月，孙小正.长春市新城区开放式住区被害恐惧感分析与优化策略研究[J].西安建筑科技大学学报（自然科学版），2022，54（1）：134-141.

[47] 柳林，吴林琳，宋广文，等.基于时空行为视角的犯罪地理创新研究框架[J].地理研究，2022，41（6）：1748-1764.

[48] 郑善美.犯罪预防设计（CPTED）观点的城市再生研究：大田市中区宣化洞设计提案[D].首尔：梨花女子大学，2019.

[49] 黄邓楷.基于CPTED理论的广州大学城环境安全感知评价及优化策略研究[D].广州：华南理工大学，2020.

[50] 姜雪.城市建成环境对犯罪行为影响的空间分异研究[D].哈尔滨：哈尔滨工业大学，2018.

[51] Saville G，Cleveland G.Second Generation CPTED：The Rise and Fall of Opportunity Theory. In:21st Century Security and CPTED：Designing for Critical Infrastructure Protection and Crime Prevention[M]. CRC Press，Fort Lauderdale，1983：79-90.

[52] Huang Dengkai.Perceived Safety Evaluation and Design Strategy of Guangzhou Higher Education Mega Center Based on Crime Prevention through Environmental Design[D]. South China University of Technology，Doctoral Dissertation，2020.

[53] Chang D.Social Crime or Spatial Crime Exploring the Effects of Social，Economical，and Spatial Factors on Burglary Rates[J]. Environment & Behavior，2011，43（1）：26-52.

[54] Peeters M P，Daele S V，Beken T V. Adding to the mix：A Multilevel Analysis of Residential Burglary[J]. Security Journal，2017，31（02）：389-409.

[55] Armitage，Rachel. Predicting and Preventing：Developing a Risk Assessment Mechanism for Residential Housing[J]. Crime Prevention and Community Safety，2006，8（3）：137-149.

[56] Choi, HyunSik，J. Park. A Study on Apartment Residents Perception on CPTED Design Comparative Assessment by CPTED Application Level using Importance[J]. Korean Associatin of Public Safety and Criminal Justice Review（KJPC），2009，18（4）：551-581.

[57] L.Hoon，S.Kang，J.Kim.Study on the Establishment of Weights for Developing the Evaluation Model of CPTED in Multi-family Housing[J].Journal of the Architectural Institute of Korea Planning & Design，2012，28（2）：89-96.

[58] Lee，Seung-Hee. Safety Assessment of Urban Residential Regeneration Area Based onCrime Prevention Through Environmental Design（CPTED）：The Case of Jecheon

City, Korea[D]. The Graduate School, Semyung University, Doctoral Dissertation, 2020:133.

[59] Matzopoulos R, Bloch K, Lloyd S, et al. Urban upgrading and levels of interpersonal violence in Cape Town, South Africa: The violence prevention through urban upgrading programme[J]. Social Science & Medicine, 2020: 255.

[60] Hu Bin, Wang Zhonglin, Lv Yuan. R esearch of Community Safety Edge Space Design Based on CPTED Strategy[J]. Journal of Beijing University of Technology, 2016, 42 (07) :1071-1076.

后 记

本书是由广东省哲学社会科学规划项目（批准号：GD23YYS30）和广东省普通高校特色创新类项目（2023WTSCX084）资助完成，这些资助为本研究的顺利开展提供了保障，使本书的撰写和出版成为可能。

本书以文献梳理和实地考察为基础，构建研究框架，旨在调查研究老旧小区城市再生有待改善的环境安全问题，即CPTED要素内容，并提出改善建议。本研究定性研究和定量研究方法并行。希望本书能够为我国城市再生的学术研究增添讨论空间，为中国的城市规划师、建筑师和公共设计从业者提供CPTED视角的老旧小区城市再生研究参考。

本书是我在韩国博士学习期间和在韶关学院工作期间的研究成果。回首读博的四载，那是一段充满挑战与磨砺的旅程。无数个焚膏继晷的夜晚，无数次实验的反复推敲，无数次的迷茫与挣扎，都让我深刻体会到学术研究道路的艰辛与孤独。然而，冗长黑暗的隧道终究迎来光明，正是这些苦楚与坚持，铸就了我在学术道路上的成长。这些研究成果与我学习和成长中得到诸多师长、同仁和亲友的关心和爱护是分不开的，谨以此书向所有给予我支持与关爱的良师益友致以最诚挚的谢意！

首先，我要特别向我的博导Jeong Min Moon教授和硕导叶昌东教授致以最诚挚的谢意。两位恩师渊博的学识、深邃的学术洞见和前瞻性的研究视野，不仅为我的科研之路指明了方向，更在治学态度和为人处世方面树立了高尚的典范。正是他们春风化雨般的悉心指导，引领我迈入学术殿堂，让我得以在科研道路上不断成长。

接着，我要深深感谢我的父母，那无微不至的关爱与毫无保留的支持，始终是我最温暖的港湾和最坚实的后盾。特别要感谢我亲爱的女儿，你纯真的笑容是我披荆斩棘的动力源泉。求学路上未能常伴你左右，始终带着一份亏欠。愿有一天你跨越山河，能从我斑驳的光影中，看见追逐梦想的勇气，将我走过的足迹，化作你眼里的星辰。

最后，祝愿支持和帮助过我开展研究工作的所有人，人生事事顺利，幸福安康！

邢月

2024年2月25日于广州